W0179990

RH

Die kleine Meerjungfrau

Impressum

Roland Hoffmann
Dänisch – Wort für Wort
erschienen im
Reise Know-How Verlag Peter Rump GmbH
Osnabrücker Str. 79, D-33649 Bielefeld

© Reise Know-How Verlag Peter Rump GmbH
12. Auflage 2014
Konzeption, Gliederung, Layout und Umschlagklappen
wurden speziell für die Reihe „Kauderwelsch" entwickelt
und sind urheberrechtlich geschützt.
Alle Rechte vorbehalten.

Bearbeitung & Umschlag	Peter Rump
Layout	Claudia Schmidt; Konzept: Günter Pawlak, FaktorZwo! Bielefeld
Fotos	Roland Hanewald (RH)
Kartographie	Iain Macneish
Druck und Bindung	Werbedruck GmbH Horst Schreckhase, Spangenberg

ISBN: 978-3-8317-6419-8
Printed in Germany

Dieses Buch ist erhältlich in jeder Buchhandlung Deutschlands,
Österreichs, der Schweiz und der Benelux-Staaten. Bitte infor-
mieren Sie Ihren Buchhändler über folgende Bezugsadressen:

Deutschland	Prolit GmbH, Postfach 9, 35461 Fernwald (Annerod) sowie alle Barsortimente
Schweiz	AVA-buch 2000, Postfach 27, CH-8910 Affoltern
Österreich	Mohr Morawa Buchvertrieb GmbH, Sulzengasse 2, A-1230 Wien
Belgien & Niederlande direkt	Willems Adventure, www.willemsadventure.nl

Wer im Buchhandel kein Glück hat, bekommt unsere Bücher
zuzüglich Porto- und Verpackungskosten auch direkt
über unseren Internet-Shop: **www.reise-know-how.de.**
Zu diesem Buch ist ein AusspracheTrainer erhältlich, als
MP3-Download unter **www.reise-know-how.de** oder auf
Audio-CD in jeder Buchhandlung Deutschlands, Österreichs,
der Schweiz und der Benelux-Staaten.
Der Verlag möchte die Reihe Kauderwelsch weiter ausbauen und
sucht Autoren! Mehr Informationen finden Sie unter *www.reise-
know-how.de/rkh_mitarbeit.php*

Kauderwelsch

Roland Hoffmann

Dänisch

Wort für Wort

Zu diesem Buch
ist ein AusspracheTrainer
als MP3-Download erhältlich:
www.reise-know-how.de

Auch als Audio-CD
im Buchhandel
ISBN 978-3-8317-6077-0

Das gesamte Buch
inkl. AusspracheTrainer gibt es
auch als CD-ROM:
ISBN 978-3-8317-6073-2

REISE KNOW-HOW
im Internet
www.reise-know-how.de
info@reise-know-how.de

*Aktuelle Reisetipps
und Neuigkeiten,
Ergänzungen nach
Redaktionsschluss,
Büchershop und
Sonderangebote
rund ums Reisen*

Kauderwelsch-Sprechführer sind anders!

Warum? Weil sie Sie in die Lage versetzen, wirklich zu sprechen und die Leute zu verstehen.

Wie wird das gemacht? Abgesehen von dem, was jedes Sprachbuch bietet, nämlich Vokabeln, Beispielsätze etc., zeichnen sich die Bände der Kauderwelsch-Reihe durch folgende Besonderheiten aus:

Die **Grammatik** wird in einfacher Sprache so weit erklärt, dass es möglich wird, ohne viel Paukerei mit dem Sprechen zu beginnen, wenn auch nicht gerade druckreif.

Alle Beispielsätze werden doppelt ins Deutsche übertragen: zum einen **Wort-für-Wort,** zum anderen in „ordentliches" Hochdeutsch. So wird das fremde Sprachsystem sehr gut durchschaubar. Denn in einer fremden Sprache unterscheiden sich z. B. Satzbau und Ausdrucksweise recht stark vom Deutschen. Ohne diese Übersetzungsart ist es so gut wie unmöglich, schnell einzelne Wörter in einem Satz auszutauschen.

Die **Autorinnen** und **Autoren** der Reihe sind Globetrotter, die die Sprache im Land selbst gelernt haben. Sie wissen daher genau, wie und was die einfachen Leute auf der Straße sprechen. Deren Ausdrucksweise ist nämlich häufig viel einfacher und direkter als z. B. die Sprache der Literatur.

Besonders wichtig sind im Reiseland die **Körpersprache, Gesten, Zeichen und Verhaltensregeln,** ohne die auch Sprachkundige kaum mit Menschen in guten Kontakt kommen. In allen Bänden der Reihe wird darum besonders auf diese Art der nonverbalen Kommunikation eingegangen.

Kauderwelsch-Sprechführer sind keine Lehrbücher, aber viel mehr als Sprachführer! Wenn Sie ein wenig Zeit investieren und einige Vokabeln lernen, werden Sie mit ihrer Hilfe in kürzester Zeit Informationen bekommen und Erfahrungen machen, die „sprachlosen" Reisenden verborgen bleiben.

Inhalt

Grammatik

Inhalt

An der Skibbroen in Ribe

Vorwort

Dänemark ist im Verhältnis zur Bundesrepublik nur sehr klein, und hat nur 5,6 Mill. Einwohner. Zwar kann man sich mit Englisch und Deutsch in unserem nördlichen Nachbarland gut durchschlagen, doch wirklich Kontakt zu den Leuten bekommt man viel eher, wenn man versucht, Dänisch zu sprechen. Außerdem wird Dänisch auch auf Island, den Färöern und auf Grönland verstanden, weil es dort Pflichtsprache in der Schule ist. Natürlich kann man sich mit Dänisch auch in Norwegen und Schweden verständigen, da diese drei Sprachen sehr eng miteinander verwandt sind.

Ich habe versucht, den Sprechführer so einfach wie möglich aufzubauen, ohne auf die wichtigen Grammatikregeln zu verzichten. Am besten ist es, Sie fangen mit der Aussprache an und gehen dann die Grammatik locker durch, damit Sie einen Überblick über die dänische Sprache bekommen.

Dänisch ist eine sehr bildreiche und witzige Sprache, und nicht umsonst sind die Dänen als Witzbolde Skandinaviens verschrieen.

Herzlichen Dank sage ich an dieser Stelle all meinen dänischen Freunden, die mir bei dem einen oder anderen Problem geholfen haben.

Viel Spaß beim Lernen und **Hav en god tur!**
Roland Hoffmann

Hinweise zur Benutzung

Der Sprechführer „Dänisch" gliedert sich in die drei wichtigen Abschnitte „Grammatik", „Konversation" und „Wörterliste".

Grammatik

Die Grammatik beschränkt sich auf das Wesentliche und ist so einfach gehalten wie möglich. Deshalb sind auch nicht alle Ausnahmen und Unregelmäßigkeiten der Sprache erklärt. Wer nach der Lektüre dieses Büchleins tiefer in die Grammatik der dänischen Sprache eindringen möchte, findet im Anhang Hinweise auf weiterführende Literatur. Es ist zwar sinnvoll, den Grammatikteil zumindest einmal zu überfliegen, doch können Sie auch sofort mit dem Konversationsteil beginnen und die Grammatik nur zum Nachschlagen verwenden.

Hören Sie sich Aussprachebeispiele mit Ihrem Smartphone an! Ausgewählte Kapitel im Konversationsteil sind dafür mit einem QR-Code ausgestattet.

Konversation

In diesem Teil finden Sie Sätze aus dem Alltagsgespräch, die Ihnen einen ersten Eindruck davon vermitteln sollen, wie die dänische Sprache „funktioniert" und die Sie auf das vorbereiten sollen, was Sie später in Dänemark hören werden – denn was man vorher schon einmal gelesen hat, versteht man später viel leichter. Natürlich ist es unwahrscheinlich, dass Sie immer exakt den gewünschten Satz hier finden werden. Benutzen Sie die Beispielsätze also auch als Fundus von Satzschablonen und -mustern, die Sie selbst Ihren Bedürfnissen entsprechend anpassen und verändern.

Damit Sie die Wortfolge des Dänischen in den Beispielsätzen nachvollziehen können, ist eine Wort-für-Wort-Übersetzung ergänzt. Jedem dänischen Wort entspricht ein Wort in der Wort-für-Wort-Übersetzung. Wird ein dänisches Wort im Deutschen durch zwei Wörter übersetzt, sind diese in der Wort-für Wort-Übersetzung durch einen Bindestrich verbunden, z. B.:

Wort-für-Wort-Übersetzung

Hvad er der i vejen?
wä är där i waien
was ist da in Weg-der
Was ist los?

Werden in einem Satz mehrere Wörter angegeben, die man untereinander austauschen kann, steht ein Schrägstrich.

Jeg vil gerne have/købe ...
jai will gerne hää/köbe
ich will gerne haben/kaufen
Ich möchte gerne ... haben/kaufen.

Mit Hilfe der Wort-für-Wort-Übersetzung können Sie die Beispielsätze leicht Ihren eigenen Bedürfnissen anpassen, auch wenn das Ergebnis nicht immer perfekt ist.

Die Wörterlisten am Ende des Buches helfen Ihnen dabei. Sie enthalten einen Grundwortschatz Deutsch-Dänisch und Dänisch-Deutsch von je ca. 1.000 Wörtern, mit denen

Wörterlisten

man schon eine Menge anfangen kann.

Abkürzungen   Folgende Abkürzungen werden verwendet.

Ez	Einzahl (Singular)
Mz	Mehrzahl (Plural)

Umschlagklappe   Die Umschlagklappe hilft, die wichtigsten Sätze und Formulierungen stets parat zu haben. Hier finden sich schnell die wichtigsten Angaben zur Aussprache und eine kleine Liste der wichtigsten Fragewörter, Richtungs- und Zeitangaben. Aufgeklappt ist der Umschlag eine wesentliche Erleichterung, da nun die gewünschte Satzkonstruktion mit dem entsprechenden Vokabular aus den einzelnen Kapiteln kombiniert werden kann.

Wenn alles nicht mehr weiterhilft, dann ist vielleicht das Kapitel „Nichts verstanden? – Weiterlernen!" der richtige Tipp. Es befindet sich ebenfalls im Umschlag, stets bereit, mit der richtigen Formulierung für z.B. „Ich habe leider nicht verstanden." oder „Wie bitte?" auszuhelfen.

Seitenzahlen

Um Ihnen den Umgang mit den Zahlen zu erleichtern, wird auf jeder Seite die Seitenzahl auch auf Dänisch angegeben!

NORDSEE

Göteborg

Ålborg

Kattegatt

100 km

Randers

Århus

Horsens

Helsingør

Helsingborg

København

Malmö

Esbjerg

Sjælland

Kolding

Odense

Fyn

Bornholm

OSTSEE

Lolland

Flensburg

Kiel

Stralsund

Lübeck

Rostock

Hamburg

Aussprache & Betonung

Das dänische Alphabet hat 29 Buchstaben:

a	b	c	d	e	f	g	h	i	j	k	l	m	n	o
p	q	r	s	t	u	v	w	x	y	z	æ	ø	å

Ich fange bei den Selbstlauten (Vokalen) an, da sie im Dänischen besonders wichtig sind. Man unterscheidet dabei immer zwischen einem langen und einem kurzen Selbstlaut.

Selbstlaute

Für das **a** gibt es zwei verschiedene Möglichkeiten, die keiner festen Regel folgen. Deshalb muss man sich die Aussprache bei jedem Wort merken.

a	kurz wie „a" in „M**a**nn"
	kurz wie „ä" in „M**ä**nner"
	lang wie „a" in „wahr" (vor od. nach r)
	lang wie „ä" in „Kr**ä**he"
e	kurz wie „e" in „h**e**ll"
	lang wie „e" in „g**e**ben"
	am Wortende unbetontes „e" in „all**e**"
i	kurz wie „i" in „L**i**ppe"
	lang wie „i" in „Sch**ie**ne"
o	kurz wie „o" in „G**o**tt"
	lang wie „o" in „T**o**n"
u	kurz wie „u" in „M**u**tter"
	lang wie „u" in „R**u**der"

Kauderwelsch-AusspracheTrainer
Falls Sie sich die wichtigsten dänischen Sätze, die in diesem Buch vorkommen, einmal von einem Einheimischen gesprochen anhören möchten, kann Ihnen Ihre Buchhandlung den AusspracheTrainer (Audio-CD) zu diesem Buch besorgen. Sie bekommen ihn auch über unseren Internetshop www.reise-know-how.de Dort steht der Aussprache-Trainer auch als MP3-Download zur Verfügung. Alle Sätze, die Sie auf dem AusspracheTrainer hören können, sind in diesem Buch mit einem 👂 gekennzeichnet.

y	kurz wie „ü" in „M**ü**ll"
	lang wie „ü" in „f**üh**len"
æ	kurz wie „ä" in „**Ä**ste"
	lang wie „ä" in „z**äh**len"
ø	kurz wie „ö" in „H**ö**lle"
	lang wie „ö" in „h**ö**ren"
å	kurz wie „o" in „d**o**ch"
	lang wie „o" in „H**o**se"

Doppellaute

Doppellaute (Diphtonge) werden, wenn sie kurz und betont sind, wie folgt ausgesprochen:

eg, ej, ig	wie „ai" in „H**ai**"
øj, øg	wie „oi"
øv	wie „öu" (zusammengezogen gesprochen)
eu, ev, æv	wie „äu" getrennt gesprochen, also nicht „Säufer" sondern wie in „N**äh-U**tensilien"
iv	wie „iu" (zusammengezogen gesprochen)
yv	wie „üu" (zusammengezogen gesprochen)
ov, og	wie „o" in englisch „g**o**"
ag	vor Mitlaut wie „au" in „M**au**l"; vor Selbstlaut oder am Wortende wie das „a" in engl. „m**a**n"
av	wie „au" in „M**au**l"
af	als Vorsilbe wie „au" in „M**au**l"

Mitlaute

Am Wort- oder Silbenanfang werden alle Mitlaute (Konsonanten) wie im Deutschen ausgesprochen. **b, f, j, l, m, n, q, w** werden immer wie im Deutschen ausgesprochen. **k, p, t** werden, wenn sie nicht am Wortanfang stehen, weich wie g, b, d ausgesprochen.

c	vor **e, i, y, æ, ø** wie „ss" in „Wa**ss**er"
	vor **o, u, å** wie „k" in „**K**artoffel"
g	zwischen zwei Selbstlauten:
	wie „w" nach **o, u, å**
	wie „j" nach **a, e, i, y, æ, ø**
	vor **l** stumm
h	am Wortanfang vor „**j**" und „**v**" stumm
r	nach Selbstlaut kaum hörbar wie „r" in „seh**r**"
s	wie „ss" in „Wa**ss**er"
v	wie „w" in „**W**asser"
z	wie „ss" in „Wa**ss**er"

*In der Lautschrift wird der Laut **d** mal mit „th" oder mit „l" wiedergegeben.*

Der schwierigste Mitlaut im Dänischen ist das **d**: Zwischen zwei Selbstlauten oder nach einem Selbstlaut am Wortende hört es sich wie ein weiches, englisches th an. Wenn Sie ein englisches th aussprechen, ohne mit der Zunge die Zähne oder den Gaumen zu berühren, kommen Sie diesem **d** ziemlich nahe. Nach einem **g, l** oder **n** wird das **d** nicht gesprochen.

Der Laut ist wirklich schwierig auszusprechen, deshalb ist es das Beste, wenn Sie viel auf dei Aussprache der Dänen achten.

Betonung

Die meisten Wörter werden auf der ersten Silbe betont, wie im Deutschen. Die Vorsilben **be-, er-** und **ge-** sind immer unbetont. Eine dänische Spezialität ist der Stoßton, den bestimmte betonte Silben tragen. Dabei werden die Stimmbänder plötzlich verschlossen. Es klingt ungefähr so, als wenn man beim Sprechen gewürgt wird. Lernen kann man den Stoßton nur durch viel praktisches Üben, also zuhören und nachsprechen.

RH

Ägäische Impressionen in Stenbjerg Strand

Lautschrift

Damit Sie die dänischen Beispielsätze einfach und schnell ablesen können, habe ich sie durch eine Lautschrift ergänzt. Falls Sie auf einen Bindestrich stoßen, bedeutet dies, dass hier die Buchstaben nacheinander (getrennt) ausgesprochen werden, z.B. **lav** lä-u (niedrig).

Wörter, die weiterhelfen

Sie sind gerade in Dänemark angekommen und wollen sich erst einmal zurechtfinden.

Undskyld, ... unsküld	Entschuldige, ...
Hvor er ...? wor är	Wo ist ...?
Har du ...? haar du	Hast du ...?
Er det ...? är de	Ist das ...?
Jeg vil gerne ... ? jai will gerne	Ich möchte gern ...
Tak. tak	Danke.

Mit diesen Ausdrücken kann man schon ein paar wichtige Dinge erreichen, z.B. den Bahnhof oder ein Hotel finden. Man braucht nur das entsprechende Wort aus dem Wörterverzeichnis am Ende des Buches einsetzen.

Wollen Sie sich sich besser verständlich machen, dann schauen Sie sich die Grammatik gut an. Sie ist nicht so schwer, wie es vielleicht auf den ersten Blick aussieht. Am besten ist es, kurze Sätze zu benutzen, damit der Gesprächspartner den Satz auch dann versteht, wenn man mal einen Fehler macht.

Wortstellung

Die Wortstellung ist in den Hauptsätzen genau wie im Deutschen:

Subjekt	Objekt	Prädikat
Jeg	**arbejder**	**i butikken to dage om ugen.**
jai	arbeider	i butiken to däje om uun
ich	*arbeite*	*in Geschäft-dem zwei Tage in Woche-die*
Ich	arbeite	in dem Geschäft zwei Tage in der Woche.

Ein Nebensatz hat die gleiche Wortstellung:

Jeg ved, at du lige er kommet til Århus.
jai weel ät du lije är kommed til oohuus
ich weiß, dass du gerade bist gekommen nach Århus
Ich weiß, dass du gerade nach Århus gekommen bist.

Das Tätigkeitswort steht im Nebensatz also auch nach dem Subjekt und nicht – wie im Deutschen – am Ende des Satzes.

■ Alter Anker in Hirtshals

Hauptwörter

Im Dänischen gibt es nur zwei Gruppen von Hauptwörtern:

grammatisches Geschlecht

Man unterscheidet zwischen ...

geschlechtlichen Hauptwörtern **(en)**		
en is	en iis	ein Eis

sächlichen Hauptwörtern **(et)**		
et bjerg	it bjä-u	ein Berg

Leider kann man es dem Wort nicht ansehen, zu welcher Gruppe es gehört. Man muss den unbestimmten Artikel **en** oder **et** also gleich mitlernen.

Ein kleiner Tipp: Die meisten Personen- und Berufsbezeichnungen gehören der Gruppe der geschlechtlichen Hauptwörter an:

en bager	en bäjer	ein/e Bäcker/in
en begynder	en begünner	ein/e Anfänger/in

bestimmter Artikel

Den unbestimmten Artikel haben Sie ja gerade kennengelernt, und der bestimmte Artikel ist auch nicht schwer. Dazu wird einfach **en** oder **et** an das Wort angehängt:

isen
iisen
Eis-das
das Eis

bjerget
bjä-uet
Berg-der
der Berg

Wörter, die auf **-e** enden, hängen nur ein **-n** oder **-t** an:

en pige
en pije
ein Mädchen
ein Mädchen

pigen
pijen
Mädchen-das
das Mädchen

et æble
it äble
ein Apfel
ein Apfel

æblet
äblet
Apfel-der
der Apfel

Mehrzahl

Die Mehrzahl (Plural) ist sehr einfach zu bilden, es gibt nur zwei Gruppen:

en vej	en wei	ein Weg	*Mehrzahl durch*
veje	weie	Wege	*Anhängen von* **-e**
et hus	it huus	ein Haus	
huse	huuse	Häuser	

en avis	en awiis	eine Zeitung	*Mehrzahl durch*
aviser	awiiser	Zeitungen	*Anhängen von* **-er**
et apotek	it apoteek	eine Apotheke	
apoteker	apoteeker	Apotheken	

Hierzu zählen auch alle Wörter, die schon auf **-e** enden und deshalb nur ein **-r** angehängt bekommen:

en lampe	en lampe	eine Lampe
lamper	lamper	Lampen

Darüber hinaus gibt es ein paar Wörter, die zwar **-er** anhängen, dabei jedoch einen Umlaut bilden:

en bog	en bou	ein Buch
bøger	böjer	Bücher
en fod	en fool	ein Fuß
fødder	föther	Füße
en hånd	en honn	eine Hand
hænder	hänner	Hände
en ko	en koo	eine Kuh
køer	köer	Kühe
en kraft	en kraft	eine Kraft
kræfter	kräfter	Kräfte
en nat	en nätt	eine Nacht
nætter	nätter	Nächte
en rod	en rool	eine Wurzel
rødder	röther	Wurzeln
en tand	en tänn	ein Zahn
tænder	tänner	Zähne
en tå	en too	eine Zehe
tæer	täer	Zehen

Sie haben sicher gemerkt, dass einige Wörter den Mitlaut verdoppeln. Das passiert bei allen einsilbigen Wörtern mit kurzem Selbstlaut und mehrsilbigen Wörtern, bei denen die letzte Silbe kurz und betont ist, und zwar immer, wenn man eine Endung anhängt:

nat	en nätt	Nacht
nætter	nätter	Nächte
en kat	en kätt	eine Katze
katten	kättn	die Katze
hotel	hotel	Hotel
hoteller	hoteller	Hotels

In diesen beiden Hauptgruppen gibt es Wörter, die auf **-el** oder **-er** enden und bei denen das **-e-** in der Mehrzahl wegfällt:

en broder	en broother	ein Bruder
brødre	brölrä	Brüder
en cykel	en sükkel	ein Fahrrad
cykler	sükler	Fahrräder
en fader	en faather	ein Vater
fædre	fälrä	Väter
en fætter	en fätter	ein Vetter
fætre	fäträ	Vettern
en finger	en finger	ein Finger
fingre	fingrä	Finger
en gaffel	en gaffel	eine Gabel
gafler	gafler	Gabeln
en moder	en moother	eine Mutter
mødre	mölrä	Mütter
en søster	en söster	eine Schwester
søstre	söströ	Schwestern
et teater	it teäter	ein Theater
teatre	teäträ	Theater

Zum Schluss gibt es eine Gruppe von Wörtern, die in der Mehrzahl keine Endung haben:

et år	it oor	ein Jahr
år	oor	Jahre
et ben	it been	ein Bein
ben	been	Beine
et besøg	it besöö	ein Besuch
besøg	besöö	Besuche
et brød	it bröll	ein Brot
brød	bröll	Brote
et dyr	it düür	ein Tier
dyr	düür	Tiere
en film	en film	ein Film
film	film	Filme
en fisk	en fisk	ein Fisch
fisk	fisk	Fische
et flag	it flää	eine Flagge
flag	flää	Flaggen
et glas	it gläss	ein Glas
glas	gläss	Gläser
et kort	it koort	eine Karte
kort	koort	Karten
et lam	it lamm	ein Lamm
lam	lamm	Lämmer
en sko	en skoo	ein Schuh
sko	skoo	Schuhe
et sprog	it sprou	eine Sprache
sprog	sprou	Sprachen
et svin	it swiin	ein Schwein
svin	swiin	Schweine

en ting	en ting	ein Ding
ting	ting	Dinge
et tog	it tou	ein Zug
tog	tou	Züge
en øre	en ööre	ein Öre
øre	ööre	Öre
et øre	it ööre	ein Ohr
ører	öörer	Ohren

*Beachten Sie die unterschiedliche Bedeutung von **øre**!*

Hierzu gehören auch noch ein paar – wenige aber wichtige – Wörter ohne Endung in der Mehrzahl, die aber einen Umlaut bilden:

et barn	it baan	ein Kind
børn	börn	Kinder
en mand	en männ	ein Mann
mænd	männ	Männer

Der bestimmte Artikel in der Mehrzahl wird durch Anhängen von **-ne** an die Mehrzahl-form gebildet:

husene　　　　　　**bøgerne**
huusene　　　　　　　böjerne
Häuser-die　　　　　*Bücher-die*
die Häuser　　　　　　die Bücher

Hauptwörter ohne Endung in der Mehrzahl bekommen **-ene** angehängt:

årene　　　　　　　**børnene**
oorene　　　　　　　　börnene
Jahre-die　　　　　　*Kinder-die*
die Jahre　　　　　　　die Kinder

Die Fälle

Im Dänischen gibt es nur einen Fall, der sich von der Grundform (Nominativ) unterscheidet, nämlich der besitzanzeigende Fall (Genitiv). Man bildet ihn ganz einfach, indem man ein **-s** an die bestimmte Form des Wortes anhängt:

kongen	**kongens**	**kongens slot**
kongen	kongens	kongens slott
König-der	*König-des*	*König-des Schloss*
der König	des Königs	Schloss des Königs

Wichtig ist dabei, dass das Wort im besitzanzeigenden Fall voran steht. Diese Form gibt es auch im Deutschen, jedoch nur selten: Vaters Tasche (= die Tasche des Vaters).

■ Jütländische Dünenlandschaft

Besitzanzeigende Fürwörter

Die besitzanzeigenden Fürwörter richten sich in der Einzahl nach dem Artikel.

Einzahl (en/et)		Mehrzahl	
min	**mit**	**mine**	mein/e
miin	mit	miine	
din	**dit**	**dine**	dein/e
diin	dit	diine	
hans	**hans**	**hans**	sein/e
hans	hans	hans	
hendes	**hendes**	**hendes**	ihr/e
hennes	hennes	hennes	
sin	**sit**	**sine**	sein/e,
siin	sit	siine	ihr/e
dens/dets	**dens/dets**	**dens/dets**	dessen
dens/dets	dens/dets	dens/dets	
vores	**vores**	**vores**	unser/e
woores	woores	woores	
jeres	**jeres**	**jeres**	euer/e
jeres	jeres	jeres	
deres	**deres**	**deres**	ihr/e
deres	deres	deres	

Hun vasker sin bil.
hunn wäsker siin biil
Sie wäscht ihr Auto. *(ihr eigenes)*

Hun vasker hendes bil.
hunn wäsker hennes biil
Sie wäscht ihr Auto. *(nicht ihr eigenes)*

Unterscheiden Sie zwischen **hans/ hendes** *und* **sin. Sin/sit** *wird immer dann benutzt, wenn das Bezugswort das Subjekt des Satzes ist.*

Eigenschaftswörter

Bei Eigenschaftswörtern (Adjektiven) unterscheidet man zwei Formen: die starke und die schwache Form.

Die starke Form benutzt man, wenn das Hauptwort ohne Artikel oder mit unbestimmtem Artikel steht. Bei allen geschlechtlichen Hauptwörtern nimmt man dabei die Grundform, bei allen sächlichen wird ein **-t** angehängt.

en stor pige	**et stort æble**
en stoor pije	it stoort äble
ein großes Mädchen	ein großer Apfel

Das gleiche gilt, wenn man einen einfachen Satz bildet.

Pigen er stor.	**Æblet er stort.**
Mädchen-das ist groß	*Apfel-der ist groß*
Das Mädchen ist groß.	Der Apfel ist groß.

Ausnahme:
Alle Eigenschafts-
wörter, die auf **-t**
oder **-sk** *enden,*
hängen kein **-t** *an.*

et politisk parti
it politisk partii
eine politische Partei

Die schwache Form gebraucht man, wenn das Hauptwort einen bestimmten Artikel hat, oder wenn vor dem Hauptwort ein besitzanzeigendes Hauptwort oder aber ein Fürwort steht. Die schwache Form kennt für alle Hauptwörter die Endung **-e.**

den store pige
den stoore pije
das große Mädchen

det store æble
de stoore äble
der große Apfel

mit store æble
mit stoore äble
mein großer Apfel

Pouls store æble
pouls stoore äble
Pauls großer Apfel

Haben Sie bemerkt, dass der bestimmte Artikel hier nicht an das Hauptwort gehängt, sondern wie im Deutschen vorangestellt wird?

Mehrzahl

In der Mehrzahl wird an alle Eigenschaftswörter **-e** angehängt. Der bestimmte Artikel Mehrzahl lautet **de** und wird vorangestellt.

store piger
stoore pijer
große Mädchen

de store piger
di stoore pijer
die großen Mädchen

store æbler
stoore äbler
große Äpfel

de store æbler
di stoore äbler
die großen Äpfel

pigerne er store
pijerne är stoore
Mädchen-die groß sind
die Mädchen sind groß

æblerne er store
äblerne är stoore
Äpfel-die sind groß
die Äpfel sind groß

Bei einigen Eigenschaftswörtern gibt es nicht die Form auf **-e.**

blå	bloo	blau
grå	groo	grau
fælles	fälles	gemeinsam
stakkels	stakkels	arm
små	smoo	kleine (Mz)

RH

Hundstage

Steigern & Vergleichen

Die Steigerung der meisten Eigenschafts-
wörter ist ganz einfach und funktioniert nach
folgendem Muster.

steigern		
hurtig	hurti	schnell
hurtigere	hurtijere	schneller
hurtigst	hurtist	am schnellsten

In der ersten Steigerungsstufe (Komparativ)
wird also **-ere,** in der zweiten Steigerungsstu-
fe (Superlativ) **-st/-est** an die Grundform des
Eigenschaftswortes angehängt.

Alle Eigenschaftswörter, die auf **-isk** enden,
und alle, die drei oder mehr Silben haben,
werden mit **mere** und **mest** gesteigert:

interessant	interessant
interessänt	
mere interessant	interessanter
meer interessänt	
mest interessant	am interessantesten
meest interessänt	

Tipp: Diese Art der Steigerung kann man
auch immer anwenden, wenn man mal nicht
weiß, wie ein bestimmtes Eigenschaftswort
gesteigert wird. Das kann vor allem bei den
Ausnahmen sehr nützlich sein.

Es gibt nämlich einige Ausnahmen; glücklicherweise jedoch nicht sehr viele.

unregelmäßig gesteigerte Eigenschaftswörter

gammel	**ældre**	**ældst**	alt
gammel	äldre	äldst	
alt	älter	am ältesten	
ung	**yngre**	**yngst**	jung
ung	üngre	üngst	
stor	**større**	**størst**	groß
stoor	stöör	stöörst	
lille	**mindre**	**mindst**	klein (Ez)
lille	mindre	mindst	
små	**mindre**	**mindst**	klein (Mz)
smoo	mindre	mindst	
meget	**mere**	**mest**	viel
mall	meer	meest	(unzählbar)
mange	**flere**	**flest**	viel
mange	fleer	fleest	(zählbar)
lidt	**mindre**	**mindst**	wenig
litt	mindre	mindst	(unzählbar)
få	**færre**	**færrest**	wenige
foo	fäär	färst	(zählbar)
god	**bedre**	**bedst**	gut
goo	belrä	best	
slem	**værre**	**værst**	böse
slemm	wäär	wärst	
nær	**nærmere**	**nærmest**	nah
näär	närmere	närmest	

Und im Anschluss gleich noch eine Liste mit Eigenschaftswörtern, die Sie täglich gebrauchen können.

wichtige Eigenschaftswörter

ny nüü	**nyere** nüere	**nyest** nüest	neu
høj hoi	**højere** hoiere	**højest** hoiest	hoch
lav lä-u	**lavere** lä-uere	**lavest** lä-uest	niedrig
svag swää	**svagere** swäjere	**svagest** swäjest	schwach
stærk stärk	**stærkere** stärkere	**stærkest** stärkest	stark
bred brell	**bredere** brelere	**bredest** brelest	breit
smal smäll	**smallere** smällere	**smallest** smällest	schmal
hurtig hurti	**hurtigere** hurtijere	**hurtigst** hurtist	schnell
langsom langsom	**langsommere** langsommere	**langsomst** langsomst	langsam
dyr düür	**dyrere** dürere	**dyrest** dürest	teuer
billig billi	**billigere** billijere	**billigst** billist	billig
mørk mörk	**mørkere** mörkere	**mørkest** mörkest	dunkel
lys lüüs	**lysere** lüsere	**lysest** lüsest	hell

mørk und **lys** werden auch in Verbindung mit Farbwörtern benutzt.

blå bloo blau	**mørkeblå** mörkebloo dunkelblau	**lyseblå** lüsebloo hellblau

Farben

blå	bloo	blau
gul	guul	gelb
grøn	grön	grün
rød	röll	rot
brun	bruun	braun
grå	groo	grau
sort	sort	schwarz
hvid	will	weiß

vergleichen

Beim Vergleich benutzt man im Komparativ das Bindewort **end.**

Bilen er hurtigere end cyklen.
bilen är hurtijere änd süklen
Auto-das ist schneller als Fahrrad-das
Das Auto ist schneller als das Fahrrad.

Zwei gleichartige Dinge/Personen vergleicht man mit dem Superlativ.

Den er den hurtigste af de to biler.
den är den hurtiste ä di to biler
das ist das schnellste von den zwei Autos
Das ist das schnellere von den zwei Autos.

Für den Superlativ gelten die gleichen Regeln wie für die Eigenschaftswörter: Mit dem bestimmten Artikel wird ein **-e** angehängt:

den hurtigste bil   das schnellste Auto
den hurtiste biil

Umstandswörter

Aus Eigenschaftswörtern kann man ganz leicht Umstandswörter (Adverbien) bilden, indem man ein **-t** an die Grundform anhängt.

Bilen er hurtig.
bilen är hurti
Auto-das ist schnell
Das Auto ist schnell.
(Eigenschaftswort)

Bilen kører hurtigt.
bilen körer hurtit
Auto-das fährt schnell
Das Auto fährt schnell.
(Umstandswort)

Hun snakker tit med sin veninde.
hunn snagger titt mell siin weninne
sie spricht oft mit ihrer Freundin
Sie spricht oft mit ihrer Freundin.

Jeg har aldrig set ham før.
jai haar alldri seet ham föör
ich habe nie gesehen ihn vor
Ich habe ihn nie zuvor gesehen.

Das Umstandswort steht immer direkt hinter dem Tätigkeitswort, bei zusammengesetzten Zeiten nach dem Hilfsverb.

Kutter im Hafen von Hanstholm

Persönliche Fürwörter

Im Gegensatz zu den Hauptwörtern gibt es für persönliche Fürwörter einen Objektfall (im Deutschen 3. bzw. 4. Fall):

ungebeugt		
jeg	jai	ich
du	du	du
han	hann	er
hun	hunn	sie
den/det	denn/de	es
vi	wi	wir
I	i	ihr
de	di	sie

Objektfall		
mig	mai	mir/ mich
dig	dai	dir/dich
ham	hamm	ihm/ihn
hende	henne	ihr/sie
den/det	denn/de	es
os	oss	uns
jer	jär	euch
dem	dämm	sie/ihnen

Tätigkeitswörter

Zuerst eine sehr positive Nachricht: Für alle Personen („ich, du") gibt es nur eine Form!

Grundform

In der Grundform (Infinitiv, also die Form, die im Wörterbuch steht) enden (bis auf ein paar Ausnahmen) alle Tätigkeitswörter auf **-e.**

Beugung

jeg smiler	jai smiiler	ich lächle
du smiler	du smiiler	du lächelst
han smiler	hann smiiler	er lächelt
hun smiler	hunn smiiler	sie lächelt
den/det smiler	denn/de smiiler	es lächelt
vi smiler	wi smiiler	wir lächeln
I smiler	i smiiler	ihr lächelt
de smiler	di smiiler	sie lächeln

Hilfsverben

Ich beginne mit den Hilfsverben, weil man sie benötigt, um zusammengesetzte Zeiten bilden zu können. Da die Hilfsverben unregelmäßig sind, gebe ich alle Formen an, und zwar immer Grundform, Gegenwartsform, Vergangenheitsform und die Partizipform, die man braucht, um die vollendete Gegenwart/Vergangenheit bilden zu können.

	Grundform sein	Gegenw. bin	Vergang. war	Partizip gewesen
sein	være wäär	er är	var war	været wäärt
haben	have häwe	har haar	havde hääl	haft haft
sollte (dürfen)	burde burde	bør bör	burde burde	burdet burdet
können	kunne kunne	kann kän	kunne kunne	kunnet kunnet
dürfen (müssen)	måtte motte	må moo	måtte motte	måttet mottet
sollen (werden)	skulle skulle	skal skäll	skulle skulle	skullet skullet
wagen	turde turde	tør tör	turde turde	turdet turdet
möchten/wollen	ville wille	vil will	ville wille	villet willet

Befehlsform

Für die Befehlsform braucht man nur das **-e** der Grundform wegzulassen, und – falls vorhanden – den verdoppelten Mitlaut:

give	giwe	geben
giv!	gi-u	gib!
komme	komme	kommen
kom!	komm	komm!

Bei den Ausnahmen handelt es sich um einsilbige Wörter, bei denen die Grundform gleichzeitig die Befehlsform ist:

gå	goo	gehen
gå!	go	geh!
se	see	sehen
se!	se	sieh!
bo	boo	wohnen
bo!	bo	wohn!

Brauereimuseum in Fjerritslev

Die Zeiten

Die Gegenwartsform ist sehr einfach zu bilden.

Alle Verben – mit Ausnahme der Hilfsverben – bilden die Gegenwartsform, indem man lediglich ein **-r** an die Grundform anhängt!

tale	täle	sprechen
taler	täler	spricht
gå	goo	gehen
går	goa	geht

Außer den Hilfsverben gibt es nur noch einen Sonderfall:

vide	wiile	wissen
ved	weel	weiß

Für die Vergangenheitsform und das Mittelwort der Vergangenheit (Partizip) muss wie im Deutschen zwischen zwei Gruppen von Tätigkeitswörtern unterschieden werden, nämlich den sogenannten „schwachen" und „starken" Tätigkeitswörtern.

schwache Tätigkeitswörter

Unter den „schwachen" Tätigkeitswörtern gibt es zwei wiederum zwei verschiedene Möglichkeiten:

Für die Vergangenheit wird **-ede**, für das Partizip **-et** an den Stamm des Tätigkeitswortes angehängt.

elske	elskede	elsket
elske	elskethe	elsket
lieben	liebte	geliebt

bo	boede	boet
boo	boethe	boet
wohnen	wohnte	gewohnt

Für die Vergangenheit wird die Endung **-te**, für das Partizip **-t** an den Stamm des Tätigkeitswortes angehängt.

høre	hørte	hørt
höor	hörte	hört
hören	hörte	gehört

læse	læste	læst
läse	läste	läst
lesen	las	gelesen

Die meisten schwachen Tätigkeitswörter gehören zur ersten Gruppe. Es gibt auch einige Tätigkeitswörter, die völlig unregelmäßig sind. Diese stehen im Wörterverzeichnis.

 **Die Zeiten**

starke Tätigkeitswörter

Die „starken" Tätigkeitswörter bilden die Vergangenheit und das Partizip durch den Wechsel des Selbstlautes.

give	gav	givet
giwe	gä-u	giwet
geben	gab	gegeben

ryge	røg	røget
rüje	roi	roijet
rauchen	rauchte	geraucht

hjælpe	hjalp	hjulpet
jälpe	jalp	julpet
helfen	half	geholfen

Die Wörter aus dieser Gruppe kann man nur lernen, ich gebe deshalb im Wörterverzeichnis jeweils die Formen mit an.

Übrigens: Bei Ausrufen benutzt man im Dänischen oft die Vergangenheit, wenn man etwas ausdrückt, was in der Gegenwart geschieht:

Det var da mærkeligt!
dee war da märklit
das war aber komisch
Das ist aber komisch!

Vollendete Gegenwart/Vergangenheit

Diese zwei Vergangenheitsformen werden genauso gebildet wie im Deutschen:

Jeg har/havde arbejdet.
jai haar/hääl aabaidet
Ich habe/hatte gearbeitet.

Jeg er/var gået.
jai är/war goet
Ich bin/war gegangen.

Normalerweise benutzt man immer **har/havde** (hat/hatte). **er/var** (ist/war) wird nur bei Tätigkeitswörtern benutzt, die eine Art Änderung bezeichnen, besonders in der Bewegung. Im Zweifelsfall machen Sie es so wie im Deutschen!

Hvor længe har du boet her?
wor länge haar du boet här
wie lange hast du gewohnt hier
Wie lange wohnst du hier?

Die vollendete Gegenwart (Perfekt) wird im Dänischen oft benutzt, wenn man etwas ausdrückt, was in der Vergangenheit angefangen hat und jetzt noch andauert.

Zukunft

Um die Zukunft auszudrücken, gibt es wie im Deutschen zwei Möglichkeiten:

Man kann die Gegenwartsform zusammen mit einer Zeitbestimmung benutzen:

Jeg rejser tilbage om en uge.
jai reiser tilbäje om en uu-e
ich reise zurück in einer Woche
In einer Woche reise ich zurück.

... oder eine Form mit dem Hilfsverb **skal** (werden) bilden:

Jeg skal rejse tilbage om en uge.
jai skäll reise tilbäje om en uu-e
ich werde reisen zurück in einer Woche
Ich werde in einer Woche zurückreisen.

Anstelle von **skal** kann man auch **vil** (möchten) benutzen, doch dann drückt es eher einen Wunsch aus!

RH

▌▌ Der „Graue Leuchtturm" in Skagens Odde

wichtige Verben			
Grundf.		**Vergang.**	**Partizip**
gehen	ging	gegangen	
gå	**gik**	**gået**	gehen
goo	gik	goet	
løbe	**løb**	**løbet**	laufen
löbe	löb	löbet	
køre	**kørte**	**kørt**	fahren
köör	körte	kört	
ryge	**røg**	**røget**	rauchen
rüje	roi	roiet	
betale	**betalte**	**betalt**	bezahlen
betääle	betälte	betält	
drikke	**drak**	**drukket**	trinken
drigge	drak	drugget	
spise	**spiste**	**spist**	essen
spiise	spiiste	spiist	
tage	**tog**	**taget**	nehmen
täje	tou	täjet	
finde	**fandt**	**fundet**	finden
finne	fant	funnet	
hente	**hentede**	**hentet**	holen
hänte	häntethe	häntet	
forstå	**forstod**	**forstået**	verstehen
forstoo	forstool	forsto-et	
vide	**vidste**	**vidst**	wissen
wiile	wisste	wisst	
koste	**kostede**	**kostet**	kosten
koste	kostethe	kostet	
smage	**smagte**	**smagt**	schmecken
smäje	smakte	smakt	
fryse	**frøs**	**frosset**	frieren
früüse	fröös	frosset	

Die Zeiten

gøre	**gjorde**	**gjort**	tun
göör	gjoor	gjort	
holde	**holdt**	**holdt**	halten
holle	hollt	hollt	
høre	**hørte**	**hørt**	hören
höör	hörte	hört	
se	**så**	**set**	sehen
see	soo	seet	
sige	**sagde**	**sagt**	sagen
siije	sää	sagt	
tænke	**tænkte**	**tænkt**	denken
tänke	tänkte	tänkt	
vente	**ventede**	**ventet**	warten
wente	wentethe	wentet	
sove	**sov**	**sovet**	schlafen
souwe	souw	souwet	
skrive	**skrev**	**skrevet**	schreiben
skriiwe	skre-u	skre-uet	
læse	**læste**	**læst**	lesen
lääse	läste	läst	
komme	**kom**	**kommet**	kommen
komme	komm	kommet	
sidde	**sad**	**siddet**	sitzen
sithe	säll	sithet	
stå	**stod**	**stået**	stehen
stoo	stool	stoet	
ligge	**lå**	**ligget**	liegen
ligge	loo	ligget	
spørge	**spurgte**	**spurgt**	fragen
spöör	spuurte	spuurt	
svare	**svarede**	**svaret**	antworten
sware	swarethe	swaret	

Die Leideform

Die Leideform (Passiv) kann auch auf zwei Arten gebildet werden, entweder mit dem Hilfsverb **blive** (werden) ...

Der bliver/blev spist meget.
där bliwer/ble-u spiist mall
es wird/wurde gegessen viel
Es wird/wurde viel gegessen.

... oder, indem man ein **-s** an die Grundform bzw. die Vergangenheitsform hängt:

Der spises/spistes meget.
där spiises/spiistes mall
es essen-wird/aß-wird viel
Es wird/wurde viel gegessen.

Es gibt einen kleinen Unterschied zwischen diesen beiden Ausdrucksweisen. Die Form mit dem Hilfsverb **blive** wird benutzt, wenn es ein einmaliger Vorgang war/ist, die Form mit **-s,** wenn es sich um einen sich öfter wiederholenden Vorgang handelt. Dann kann man auch sagen: Man isst/aß stets viel .

In der vollendeten Gegenwart (Perfekt) gibt es nur die Form mit **blive!**

Achtung: Es gibt ein paar Tätigkeitswörter, die das **-s** anhängen, trotzdem aber etwas Aktives ausdrücken:

Die Leideform

længes	länges	sich sehnen
lykkes	lügges	gelingen
ængstes	ängstes	sich ängstigen
enes	eenes	sich einigen
mødes	möthes	sich treffen
skændes	skännes	sich streiten
slås	sloss	sich schlagen

Ganz wichtig sind dabei die zwei folgenden
Formen, weil man sie sehr oft braucht:

Jeg synes, at ...   **Jeg mindes ...**
jai süns ät   jai minnes
Mir scheint, dass ...   Ich erinnere mich an ...

RH

Værelser
Rooms

Hier gibt's ein Ruhekissen

Bindewörter

Die Bindewörter benutzt man wie im Deutschen:

og	ou	und
eller	eller	oder
men	menn	aber, sondern
for/fordi	for/fodii	weil, denn
derfor	därfor	deshalb
da	dä	als, da, weil
når	noor	als, wenn
hvis	wiss	wenn, falls
så	so	dann
skønt	skönt	obwohl
mens	mens	während

Zur besseren Unterscheidung von **hvis, når** und **da** führe ich hier noch ein paar Beispielsätze an.

   Hvis drückt eine Möglichkeit aus, während **når** eine zeitliche Abhängigkeit anzeigt:

Vi drikker et glas vin, hvis han kommer.
wi drigger it gläss wiin, wiss hann kommer
Wir trinken ein Glas Wein, falls er kommt.

Vi drikker et glas vin, når han kommer.
wi drigger it gläss wiin, noor hann kommer
Wir trinken ein Glas Wein, wenn er kommt.

Når wird benutzt, wenn etwas regelmäßig geschieht, **da,** wenn es sich um einen einmaligen Vorgang handelt.

Han tager altid blomster med, når han kommer.
hann täjer älltil blomster mell, noor hann kommer
Er bringt immer Blumen mit, wenn er kommt.

Han tog blomster med, da han kom.
hann tou blomster mell, dä hann komm
Er brachte Blumen mit, als er kam.

RH

Bunker am Strand in Thyborøn

Verhältniswörter

Wie im Deutschen gebraucht man Verhältniswörter, um die Position von Personen oder Dingen zueinander auszudrücken.

af	ää	aus
bag	bäj	hinter
efter	efter	nach
foran	forän	vor
forbi	fobii	vorbei
fra	fra	von, aus
gennem	gennem	durch
i	i	in
med	mell	mit
mod	mool	gegen
om	om	um, über
over	oua	über
på	poo	auf
til	till	zu, nach
under	unna	unter
ved	well	bei, an

Kopperne er i skabet.
kopperne är i skäbet
Tassen-die sind in Schrank-der
Die Tassen sind im Schrank.

Kustoden står bag søjlen.
kustoolen stoor bäj soilen
Aufseher-der steht hinter Säule-die
Der Aufseher steht hinter der Säule.

Oft werden die gleichen Verhältniswörter wie im Deutschen benutzt, es gibt jedoch auch Ausnahmen. Die wichtigste ist das Wort **til**, das auch das deutsche „für" wiedergibt:

Gaven er til min danske veninde.
gäwen är till miin dänske weninne
Geschenk-das ist zu meine dänische Freundin
Das Geschenk ist für meine dänische Freundin.

Verhältniswörter bilden oft eine Einheit mit Tätigkeitswörtern, wobei es ein Unterschied ist, ob das Verhältniswort getrennt vom Tätigkeitswort steht oder mit ihm verbunden ist. In der getrennten Form ist die Bedeutung des Ausdrucks konkret, in der verbundenen Form eher übertragen gemeint.

Han giver penge ud. **Han udgiver en bog.**
hann giwer pänge uul han uulgiwer een bou
er gibt Geld aus *er aus-gibt ein Buch*
Er gibt Geld aus. Er gibt ein Buch heraus.

Knappen går af.
knappen goor ää
Knopf-der geht ab
Der Knopf geht ab.

Toget afgår kl. 11.17.
touwet augoor kloggen ellwe süddn
Zug-der ab-geht Uhr 11.17
Der Zug geht um 11.17 Uhr.

Fragen

Bei Fragen unterscheidet man zwischen Entscheidungsfragen (nur „ja/nein" ist als Antwort möglich) und Ergänzungsfragen (man antwortet mit einem vollständigen Satz).

Entscheidungsfragen

Entscheidungsfragen können wie im Deutschen durch Änderung der Wortstellung gebildet werden.

Du har lige spist.
du haar lije spiist
Du hast gerade gegessen.

Har du lige spist?
haar du lije spiist
Hast du gerade gegessen?

Ergänzungsfragen

Ergänzungsfragen werden mit Fragewörtern gebildet:

Hvem har du lånt bogen til?
wämm haar du loont bou-en till
wem hast du geliehen Buch-das
Wem hast du das Buch geliehen?

hvem?	wämm	wer?, wem?, wen?
hvor?	wor	wo?, wie?
hvorfor?	worfor	warum?
hvornår?	wornoor	wann?
hvordan?	wordenn	wie?
hvad?	wäll	was?

Am häufigsten wird **hvor** benutzt, da es in Zusammensetzungen „wie" bedeutet:

Hvor langt er der til ... **Hvor gammel er du?**
wor langt är där till   wor gammel är du
Wie weit ist es nach ...? Wie alt bist du?

Hvor meget koster det?
wor mall koster de
wie viel kostet das
Wie viel kostet das?

ja & nein

Auf Fragen antwortet man in Dänemark ausführlich, wenn man höflich sein will. Also:

Har du avisen?
haar du awisen
hast du Zeitung-die
Hast du die Zeitung?

Unter Bekannten
antwortet man
aber wie bei **Ja, jeg har den.**   **Nej, jeg har den ikke.**
uns auch einfach jä, jai haar denn   nai, jai haar denn igge
mit **ja** *oder* **nej.** Ja, ich habe sie.   Nein, ich habe sie nicht.

jo	jou	*doch*
ingen/intet	ingen/intet	*keiner, -e, -es*
ingenting/intet	ingenting/intet	*nichts*
overhovedet ikke	ouwerhowethet igge	*überhaupt nicht*
næppe	näppe	*kaum*
aldrig	alldrii	*nie*
altid	älltill	*immer*
tit	tit	*oft*
undertiden	unnertithen	*manchmal*
unter-Zeit-die		
også	osso	*auch*
heller ikke	heller igge	*auch nicht*
hverken ... eller	werken ... eller	*weder ... noch*
både ... og	boole ... ou	*sowohl ... als auch*
enten ... eller	enten ... eller	*entweder ... oder*

Vi har også været i biografen.
wi haar osso wäret i biografen
wir haben auch gewesen in Kino-das
Wir sind auch im Kino gewesen.

Vi har heller ikke været i biografen.
wi haar heller igge wäret i biografen
wir haben auch nicht gewesen in Kino-das
Wir sind auch nicht im Kino gewesen.

Wichtig:
Will man **også** *(auch)*
verneinen, so muss
man **heller ikke**
(auch nicht) benutzen.

Hier & Dort

Richtungshinweise werden mit **her** und **der** wie im Deutschen gebildet.

her	här	hier
der	där	dort
herhen	härhenn	hierhin
derhen	därhenn	dorthin
den/det her	denn/de här	diese(r,s) hier
den/det der	denn/de där	diese(r,s) dort

Jeg vil gerne have osten deroppe.
jai will gerne häwe usten därobbe
ich möchte gerne haben Käse-der dort-oben
Ich hätte gerne den Käse dort oben.

Har I kartoflerne hernede I kælderen?
haar i kartoflerne härnele i kelleren
habt ihr Kartoffeln-die hier-unten in Keller-der
Habt ihr die Kartoffeln hier unten im Keller?

Zahlen & Zählen

Die dänischen Zahlen sind nicht schwierig zu erlernen, wenn man sich ein bisschen „eingehört" hat.

0	**nul**	null	10	**ti**	tii
1	**en, et**	en, it	11	**elleve**	ellwe
2	**to**	too	12	**tolv**	toll
3	**tre**	tre	13	**tretten**	treddn
4	**fire**	fiir	14	**fjorten**	fjordn
5	**fem**	fem	15	**femten**	femdn
6	**seks**	sex	16	**seksten**	saisdn
7	**syv**	süü	17	**sytten**	süddn
8	**otte**	ode	18	**atten**	äddn
9	**ni**	nii	19	**nitten**	niddn

Die zusammengesetzten Zahlen werden der Reihenfolge nach wie im Deutschen gebildet.

20	**tyve**	tüwe	
21	**enogtyve**	eenotüwe	*= ein-und-zwanzig*
30	**tredive**	tralwe	
40	**fyrre**	föör	
50	**halvtreds**	hälträs	
60	**tres**	träs	
70	**halvfjerds**	hälfjärs	
80	**firs**	fiirs	
90	**halvfems**	hälfäms	
100	**hundrede,**	hundrede,	*= hundert,*
	et hundred	it hundred	*= ein hundert*
1.000	**tusind,**	tusn	*= tausend,*
	et tusinde	it tusn	*= ein tausend*

Ordnungszahlen

erste/-r/-s	1.	**første**	förste		
zweite/-r/-s	2.	**anden**	änn		
dritte/-r/-s	3.	**tredje**	trelje		
usw.	4.	**fjerde**	fjäär		
	5.	**femte**	femte		

6.	**sjette**	schjäde
7.	**syvende**	süwende
8.	**ottende**	ottende
9.	**niende**	niende
10.	**tiende**	tiende

11.	**ellevte**	elfte
12.	**tolvte**	tolfte
13.	**trettende**	treddnde
14.	**fjortende**	fjordnde
15.	**femtende**	femdnde
16.	**sekstende**	saisdnde
17.	**syttende**	süddnde
18.	**attende**	äddnde
19.	**nittende**	nittende
20.	**tyvende**	tüwende
21.	**enogtyvende**	eenotüwende
30.	**tredivte**	tralfte
40.	**fyrretyvende**	föörtüwende
50.	**halvtredsindstyvende**	hälträsindstüwende
60.	**tresindstyvende**	träsindstüwende
70.	**halvfjerdsinstyvende**	hälfjärsindstüwende
80.	**firsindstyvende**	firsindstüwende
90.	**halvfemsindstyvende**	hälfämsindstüwende
100.	**hundrede**	hundrede
1000.	**tusinde**	tuusende

Zeit & Datum

Ich möchte mit den allgemeinen Zeitangaben beginnen, bevor ich zu den „konkreteren" Angaben von Uhrzeit und Datum komme.

et år	it oor	ein Jahr
en måned	en moonel	ein Monat
en uge	en uu-e	eine Woche
en dag	en dää	ein Tag
en time	en tiime	eine Stunde
et minut	it minut	eine Minute
i dag	i dää	heute
i morgen	i moorn	morgen
i går	i goor	gestern

om morgenen om moornen	morgens
om formiddagen om formiddäjen	vormittags
om eftermiddagen om eftermiddäjen	nachmittags
om aftenen om aftenen	abends
om søndagen om sönndäjen	sonntags
om vinteren om winteren	im Winter

Uhrzeit

Hvad er klokken?
wä är kloggen
was ist Uhr-die
Wie spät ist es?

Den er præcis seks.
denn är präsis seks
sie ist genau sechs
Es ist genau sechs Uhr.

... halv tre
... häl tre
... halb drei
... halb drei

... kvart i to
... kwart i to
... viertel in zwei
... viertel vor zwei

... fem minutter over ni
... fem minudder oua nii
... fünf Minuten über neun
... fünf Minuten nach neun

Vi mødes om to timer.
wi mööles om to timer
wir treffen-sich in zwei Stunden
Wir treffen uns in zwei Stunden.

Wochentage

mandag	männdäj	Montag
tirsdag	tiirsdäj	Dienstag
onsdag	onsdäj	Mittwoch
torsdag	torsdäj	Donnerstag
fredag	fredäj	Freitag
lørdag	löördäj	Samstag
søndag	sönndäj	Sonntag

Monate

januar	jänuar	Januar
januar	jänuar	Januar
februar	februar	Februar
marts	maats	März
april	april	April
maj	mai	Mai
juni	juni	Juni
juli	juli	Juli
august	august	August
september	september	September
oktober	oktober	Oktober
november	nowember	November
december	desember	Dezember

Datum

Das Datum wird wie im Deutschen ausge-
drückt:

den anden april   **den anden i fjerde**
denn änn april   denn änn i fjäär
der zweite April   *der zweite im vierten*
der zweite April   der zweite April

Den zweiten April schreibt man mit Ziffern
wie folgt. Die Jahreszahl (hier 2000) trennt
man mit Bindestrich oder Punkt ab, z.B.:
2/4-00 oder 2.4.00.

Im Wikingerdorf

Mini-Knigge

Die Umgangsformen der Dänen unterscheiden sich nicht wesentlich von den deutschen, es gibt jedoch ein paar Dinge, die man beachten sollte, um nicht gleich überall als typischer Tourist aufzufallen.

Die Dänen stehen anderen Menschen sehr offen gegenüber. Das zeigt sich z.B. darin, dass jeder von draußen zum Fenster reinschauen kann, weil es normalerweise keine Gardinen an den Fenstern gibt. Auch die Steuerlisten, in denen das Einkommen jedes Einwohners eingetragen ist, liegen für jedermann einsehbar im Rathaus aus. Es kann also durchaus sein, dass Ihnen jemand, den Sie noch nicht lange kennen, schon von seinen persönlichen Problemen erzählt.

Natürlich ist das von dem jeweiligen Menschen abhängig, und es gibt auch große regionale Unterschiede. In Jütland ist man generell etwas zurückhaltender als z.B. in Kopenhagen, was sich auch in der Sprache äußert. Wenn jemand aus Kopenhagen auf einem Fest war, das ihm sehr gut gefallen hat, so würde er vielleicht sagen: **Den var fantastisk.** (Es war fantastisch.), während man von einem Jütländer eher **Den var ikke så slem.** (Es war nicht so schlimm.) hören würde.

In Dänemark spricht man sich im allgemeinen mit „du" an, auch Vorgesetzte oder Fremde.

Besuche Höflichkeit wird dennoch sehr groß geschrieben. Wenn Sie jemanden besuchen, so bittet Sie der Gastgeber immer herein. Wenn er dies nicht tut, so bedeutet das, dass er keine Lust oder Zeit hat, jemanden zu empfangen. Werden Sie hereingebeten, so müssen Sie sich mit **tak** bedanken.

Höflichkeit Dieses Wort ist überhaupt sehr wichtig für die Kommunikation. Lieber zweimal zuviel **tak** als einmal zu wenig.

Feste & Feiertage Die offiziellen Feste und Feiertage werden in Dänemark ähnlich wie bei uns begangen. An persönlichen Festen, wie Geburtstagen, Konfirmation usw., singt man sehr viel. In Dänemark ist es üblich, dass man dem Geburtstagskind ein Lied zum besten gibt. Dieses Lied gibt man meist bei einem professionellen **sangforfatter** (Liedverfasser) in Auftrag. Während die Melodie von einem bekannten Volkslied stammt, wird der Text speziell auf den gedichtet, der geehrt werden soll. Volkslieder sind in Dänemark viel mehr verbreitet als bei uns, und es scheut sich auch niemand, sie zu singen.

Eingeladen werden Werden Sie z.B. wie im folgenden Satz zu einem Bier in eine Kneipe eingeladen, so erwartet man, dass Sie die nächste Runde zahlen.

Jeg giver en øl/bajer!
jai giir en öll/baier
ich gebe ein Bier
Ich spendiere ein Bier.

Anrede

Im allgemeinen spricht man sich in Dänemark wie gesagt mit „du" an, also auch den Chef oder den Lehrer. Sagt man **De,** also „Sie", so wird das oft als beleidigende Herablassung aufgefasst, da sich die Dänen alle als gleichgestellt fühlen.

Im Geschäftsleben hat sich die Anrede in den letzten Jahren geändert. Bei einem ersten Geschäftskontakt – besonders per Telefon – wird man immer öfter mit „Sie" angesprochen. Alte Leute, die es noch von früher so gewohnt sind, kann man jedoch ruhig mit „Sie" anreden.

Ich habe alle Redewendungen und Beispielsätze in der „du"-Form aufgeschrieben. Wenn man jemanden mit „Sie" anreden möchte, braucht man das „du" nur nach folgendem Schema ersetzen:

du	du	du
De	di	Sie
dig	dai	dir/dich
Dem	dämm	Sie/Ihnen
din/dit	diin/dit	dein, -e,-es
Deres	deres	Ihr, -e, -es

Grüßen & Verabschieden

Die Tagesbegrüßungen funktionieren wie im Deutschen.

grüßen		
godmorgen!	gomoorn	Guten Morgen!
goddag!	godää	Guten Tag!
godaften!	goafdn	Guten Abend!
godnat!	gonät	Gute Nacht!

Umgangssprachlich benutzt man statt **goddag** jedoch häufiger:

dav!	dau	Tag!
davs!	daus	Tag! (in der Mz)
hej!	hai	Hallo! (unter Bekannten)

verabschieden		

Auch beim Verabschieden gibt es verschiedene Möglichkeiten:

farvel!	faarwell	Auf Wiedersehen!
hej!	hai	Servus!, Tschüss!
vi ses!	wi sees	Bis bald!
wir sehen-uns		

Oftmals hört man auch, gerade wenn man unter Bekannten ist, **hej-hej!** oder zur Begrüßung **goddag-goddag!**

Wie geht's?

🔊 **Hvordan går det?**
wordenn goor de
wie geht es
Wie geht's?

🔊 **Hvad er der i vejen?**
wä är där i waien
was ist da in Weg-der
Was ist los?

Fint.	Gut.
fiint	
Ikke særlig godt.	Nicht besonders gut.
igge särli gott	
Dårligt.	Schlecht.
doolitt	

🔊 **Hvordan går det med dig?**
wordenn goor de medai
wie geht es mit dir
Und wie geht's dir?

Esbjerger Sommer

Einladungen

Die Dänen sind sehr offen, und man kann sehr schnell Kontakt mit ihnen bekommen, besonders wenn man versucht, Dänisch zu sprechen. Wegen der hohen Preise in Dänemark ist es überhaupt nicht üblich, ins Restaurant zu gehen. Viel lieber treffen sich die Dänen im eigenen Heim. Normalerweise bittet Sie der Gastgeber zur Tür herein mit den Worten ...

Værsgo at komme ind og velkommen!
wärsgoo ä komm inn ou wällkommen
bitte zu kommen herein und willkommen
Bitte, komm herein und willkommen!

Kom indenfor!
komm innenfor
Komm herein!

Darauf antwortet | **Tak skal du have!** | **Tak!**
man immer | tak skä du hää | tak
mit „danke"! | *Dank sollst du haben* | *Danke!*
| Vielen Dank!

Junge Leute treffen sich natürlich auch in der Kneipe. Jede Stadt hat eine Straße, wo eine Kneipe neben der anderen liegt, in Århus z.B. die Skolegade. Wenn man sich trifft, lädt man sich gerne zu einem Bier ein.

Danken & Wünschen

Tak ist wohl das Lieblingswort der Dänen. Es heißt „danke" und wird ständig gebraucht. Wird Ihnen etwas angeboten, müssen Sie immer wie folgt antworten. **Ja** oder **nej** allein ist sehr unhöflich.

Ja tak.	jätak	Ja bitte.
ja danke		
Nej tak.	neitak	Nein danke.

Mit einem Smartphone können Sie sich die mit einem ♪ gekennzeichneten Sätze dieses Kapitels anhören. Scannen Sie einfach den QR-Code mit Hilfe einer kostenlosen App (z. B. „Barcoo" oder „Scanlife").

Nach dem Essen sagt man …

♪ **Tak for mad!**
tak for mäll
danke für Essen
Danke für das Essen!

… worauf die Hausfrau/der Hausmann antwortet:

♪ **Velbekomme!**
wällbekomme
Wohl bekomm's!

Wenn man sich verabschiedet, sagt man immer – egal ob Gast oder Gastgeber …

♪ **Tak for i aften / i dag!**
tak for iafdn/idää
Danke für heute Abend/heute!

Tak for en hyggelig aften!
tak for en hüggeli afdn
Danke für den gemütlichen Abend!

Det var hyggeligt at se dig!
de war hüggelit ä see dai
es war schön zu sehen dich
Es war schön, dich zu sehen!

Hyggelig ist das zweite Lieblingswort der Dänen. War etwas **hyggelig,** so bedeutet das, dass man mit netten Leuten zusammengesessen hat und vielleicht etwas gegessen, auf jeden Fall aber etwas getrunken hat, und sich so richtig wohl gefühlt hat.

Trifft man die Leute, bei denen man eingeladen war, wieder, so bedankt man sich mit ...

Tak for igår!
tak for igoor
Danke für gestern!

Tak for sidst!
tak for sist
danke für zuletzt
Danke nochmals für das letzte Mal!
(wenn das Treffen länger zurückliegt)

Tak for besøget!
tak for besöjet
danke für Besuch-der
Danke für den Besuch! *(sagt der Gastgeber)*

 Tak for hjælpen!
tak for jälpen
danke für Hilfe-die
Danke für die Hilfe!

 Tak for vinen.
tak for wiinen
danke für Wein-der
Danke für den Wein!

*Auch für alles
Andere bedankt
man sich in
Dänemark.*

 Tak for lån!
tak for loon
Danke für's Leihen!

Als Antwort auf ein „danke", also wenn man jemandem geholfen hat oder etwas ver-schenkt hat, sagt man „keine Ursache". Und wenn man eingeladen war, oder das Vergnü-gen beiderseitig war, bedankt man sich selber noch einmal.

 Det var så lidt!
de war solit
das war so wenig
Bitte, keine Ursache!

 Selv tak!
selltak
selbst danke
Danke ebenfalls!

wünschen

 Glædelig jul!
glädeli juul
fröhliche Weihnachten
Fröhliche Weihnachten!

 Godt nytår!
gott nüttoor
gutes Neujahr
Frohes Neujahr!

 Til lykke med fødseldagen/stillingen!
tillügge mä födselsdäjen/stillingen
zum Glück mit Geburtstag-der/Stellung-der
Glückwunsch zum Geburtstag/zur Stellung!

Man gratuliert aber nicht nur dem Brautpaar oder dem Konfirmanden, sondern auch deren/dessen Eltern, Geschwistern und Großeltern.

Til lykke med din søn/dit barnbarn!
tillügge mä din sönn/dit baanbaan
zum Glück mit deinem Sohn/deinem Kind-Kind
Glückwunsch zu deinem Sohn/deinem Enkel!

Held og lykke!
heldolügge
Glück und Glück
Viel Glück!

Lykke til!
lüggetill
Glück dazu
Viel Erfolg!

Hav det godt!
hädegott
hab es gut
Alles Gute!

God bedring!
goobelrıng
gute Besserung
Gute Besserung!

I lige måde!
ilijemool
in gleicher Weise
Gleichfalls! *(Antwort, wenn es passt)*

RH

Mädchen bei der Tomatenernte

Essen & Trinken

Die Mahlzeiten in Dänemark unterscheiden sich etwas von den bei uns üblichen:

morgenmad	moornmäll	*Frühstück*
Morgenessen		
formiddagskaffe	formiddäjskaffe	*Vormittagskaffee*
frokost	frookost	*Mittagessen*
Frühkost		
eftermiddagskaffe	eftermiddäjskaffe	*Nachmittagskaffee*
aftensmad	afdnsmäll	*Abendessen*
aftenkaffe	afdnkaffe	*Abendkaffee*

Die warme Mahlzeit heißt **middag** middäj, egal ob sie mittags oder abends gegessen wird! Meist wird sie jedoch am Abend eingenommen, wenn die ganze Familie zu Hause ist. Dementsprechend wird mittags kalt gegessen, besonders die berühmten **smørrebrød** smöörbröll. Und so sieht ein **smørrebrød** aus:

Eine dünne Scheibe Roggenbrot wird mit Butter bestrichen, dick mit Käse, Fisch, Krabben, Leberpastete oder etwas anderem belegt und dann garniert mit Salat, Remoulade. Wichtig ist dabei, dass das Brot völlig unter dem Belag verschwindet.

Ist man nachmittags zum Kaffee eingeladen, so steht außer dem **wienerbrød** wiinerbröll (das berühmte Blätterteiggebäck) auch Brot, Butter und Käse auf dem Tisch.

Nach jedem Essen – aber auch während des ganzen Tages und spät am Abend – trinkt man Kaffee.

Wenn man zum Essen eingeladen wird, so erfährt man nicht nur, wann das Essen stattfindet, sondern auch, was für eine Art Essen es gibt.

Du er velkommen til ...
du är wällkommen till
Du bist willkommen zum ...

warmen Essen	**middag**	middäj
kalten Buffet	**det kolde bord**	de kolle boa
Abendkaffee	**aftenkaffe**	afdnkaffe

Gerichte

Etwas ganz besonderes ist **det kolde bord** (der kalte Tisch), das nach ganz bestimmten Regeln abläuft. Zuerst gibt es Brot und Heringe, dann kleine, warme Gerichte, wie Leberpastete und Frikadellen, kalte Gerichte, wie Presswurst, usw.

marinierte Heringe mit	**marinede sild med**	marineerele sill mä
Currysalat	**karrysalat**	karrisalääd
Salzhering	**kryddersild**	krüddersill
Leberpastete	**leverpostej**	lewerpostai
Frikadellen	**frikadeller**	frikadeller
Presswurst	**rullepølse**	rullepölse
	Rollwurst	
mit Fleischgelee und Zwiebeln	**med sky og løg**	mä sküü ou loi
Zunge mit Meerrettich	**tunge med peberrod**	tunge mä peberrool

Danach gibt es noch verschiedene Sorten Käse (**ost** ust) und zum Schluss eventuell wieder den obligatorischen Kaffee. Zum Fisch und zum Käse trinkt man Schnaps.

Schnaps

Umgangssprachlich, oder wenn man schon ein paar getrunken hat, heißt Schnaps **en lille en** en lille een (ein kleiner einer) oder **en skarp** en skaap (ein Scharfer).

Das warme Essen unterscheidet sich nicht sehr von unseren Speisen, jedoch wurde in Dänemark früher viel mehr Zucker zum Kochen verwendet. Heute ist das nicht mehr so, doch an Weihnachten reicht man zum **flæskesteg** fläskestai (Schweinebraten) in Zucker gebräunte Kartoffeln und süßen Rotkohl.

Weihnachten

Die berühmteste Speise neben **smørrebrød** smöörbröll ist sicherlich **rødgrød med fløde** röllgröll mä flööthe, das ist rote Grütze mit Sahne. Und zwar nicht zuletzt deshalb, weil dieser Ausdruck gleich viermal das berühmte dänische Zungenbrecher-**d** enthält. Zur Übung können Sie ja öfter mal diese Süßspeise bestellen.

rote Grütze mit Sahne

Natürlich gibt es von Region zu Region unterschiedliche Spezialitäten, vor allem Fisch. Seit einiger Zeit kann man diese in Landgasthäusern **(en kro)** probieren. Wenn Sie das Schild **Danmenu** sehen, so bekommen Sie dort ein typisches dänisches Essen zu einem landesweit einheitlichen Preis, der für dänische Maßstäbe sehr günstig ist. Die Qualität ist jedoch nicht einheitlich gut.

typisch dänisches Essen

Fisch

Da in Dänemark kein Ort weiter als 60 km vom Meer entfernt liegt, gibt es überall frischen Fisch, besonders gerne isst man ...

Scholle	**rødspætte**	röllspädde
Dorsch	**torsk**	torsk
Makrele	**makrel**	makrell
Hornhecht	**hornfisk**	hoornfisk
Hering	**sild**	sill
Flunder	**skrubbe**	skrubbe
Sprotte (auf Bornholm)	**brisling**	brisling
(Mies)Muscheln	**(blå-)muslinger**	(bloo-)muslinger
Garnele	**rejer**	raier
Krebs	**krebs**	kräbs
Forelle	**forel**	forell
Hecht	**gedde**	gedde
Aal	**ål**	ool

Milchprodukte

Milchprodukte sind im Verhältnis zu den anderen Lebensmitteln sehr preisgünstig. Besonders guten Käse bekommt man in der örtlichen Molkerei (**mejeri** maierii), die meist auch einen kleinen Laden unterhält. Will man einen sehr würzigen Käse kaufen, so muss man **lagret ost** lääret ust (gelagerten Käse) kaufen. Eine dänische Spezialität ist der **ægte fynske røget ost** ägte füünske roiet ust, eine Art geräucherter Quark von der Insel Fünen.

In der Früh zum Müsli essen die Dänen auch sehr viel Jogurt **(yoghurt)**, der nicht so süß ist wie bei uns. Butter wird nur gesalzen gegessen, auch dann, wenn Marmelade oder Honig aufs Brot kommt.

sødmælk	söllmälk	*Vollmilch*
Süßmilch		
letmælk	lätmälk	*fettarme Milch*
Leichtmilch		
skummetmælk	skummetmälk	*Magermilch*
entrahmte-Milch		
kærnemælk	kärnemälk	*Buttermilch*
Butterfassmilch		
smør	smöör	*Butter*
yoghurt	jogurt	*Jogurt*
piskefløde	piskeflöthe	*Schlagsahne*
Peitschensahne		
ymer	üümer	*Dickmilch*
kvark	kwarg	*Quark*
ost	ust	*Käse*
hytteost	hüdde-ust	*Hüttenkäse*

Getränke

kaffe	kaffe	Kaffee	*Kaffee bekommt*
mælk	mälk	Milch	*man zu jeder*
vand	wänn	Trinkwasser	*Tageszeit, ansonsten*
juice	dschuus	Saft	*trinkt man ...*
sodavand	sodawänn	Limonade	

Alkohol

Wein wird nicht so selbstverständlich wie bei uns getrunken, da er sehr teuer ist. Schnaps muss man oft an einem besonderen Stand im Supermarkt kaufen, an dem es auch Tabak und Zeitungen gibt.

Neben dem normalen Bier, das einfach **øl** oder **bajer** (bayerisches Bier) heißt, gibt es **lys øl** lüüs öll oder **let øl** let öll, das wenig Alkohol enthält, und **guld øl** gull öll oder **luksus øl** luksus öll, das stärker und teurer ist.

Meistens bekommt man im Geschäft nur Flaschenbier (**øl i flaske** öll i fläske), Dosenbier ist so gut wie nicht erhältlich. In Kneipen gibt es oft Fassbier (**fadøl** fällöll).

Zu einem ausgedehnten Mahl gehört natürlich auch Schnaps. Die bekanntesten sind der **Aalborg Akvavit** und der **Gammel Dansk** (ein Bitterschnaps mit Wermut), doch etwas ganz Besonderes ist der **porsesnaps** (**porse** = Gagelstrauch, verwandt mit der Weide), der einen etwas bitteren Geschmack hat.

auswärts essen

Würstchenstand	**en pølsebod**	en pölsebool
Cafetaria mit Selbstbedienung	**et cafetaria**	it kaffeteria
Landgasthof	**en kro**	en kroo
Restaurant	**en restaurant**	en restorang

🎵 **Er denne plads ledig?**   🎵 **Nej, den er optaget.**
är denne pläss ledi   nai, denn är optäjet
Ist dieser Platz frei?   Nein, der ist besetzt.

Tjener!	tjener	Ober!	= *Diener*
spisekortet	spiisekortet	die Speisekarte	
supper	supper	Suppen	
forretter	forrätter	Vorspeisen	
hovedretter	howellrätter	Hauptgerichte	
desserter	dessärter	Nachspeisen	

🍴 **Jeg vil gerne have …** Ich möchte gerne …
jai will gerne hää haben.

In größeren Städten gibt es viele kleine Kneipen, die mittags **smørrebrød** *oder andere kleine Speisen anbieten.*

🍴 **Må jeg få peberet/saltet?**
moo jai foo pebret/sältet
darf ich bekommen Pfeffer-der/Salz-das
Könnte ich den Pfeffer/das Salz haben?

🍴 **Der mangler en ske/en gaffel/en kniv.**
där mangler en skee/en gaffl/en kniu
Es fehlt ein Löffel/eine Gabel/ein Messer.

🍴 **Det smager godt.** 🍴 **Jeg vil gerne betale.**
dee smäjer gott jai will gerne betääle
Das schmeckt gut. Ich möchte gern
zahlen.

🍴 **Jeg betaler det hele.** Ich zahle alles zu
jai betääler de heele sammen.
ich bezahle das ganze

🍴 **Det bliver 120 kr.** Das macht 120 Kr.
de bliwer hundredotüwe krooner
es wird 120 Kronen

Einkaufen

Wenn Ihnen das Essen im Restaurant zu teuer ist, dann müssen Sie selbst einkaufen gehen. Die wichtigsten Läden sind ...

supermarked	supermarkell	Supermarkt
et bageri	it bäjerii	eine Bäckerei
et mejri	it meieri	ein Milchladen
en forretning	en foraitning	ein Geschäft
et varehus	it waarehuus	ein Kaufhaus
en købmand	en köbmänn	ein Kaufmann
fødevarer	föthewaarer	Lebensmittel
Esswaren		
selvbetjening	sellbetjening	Selbstbedienung

Die größte Lebensmittelkette in Dänemark heißt **Brugsen** bruusen. Selbst im kleinsten Dorf findet sich noch einer dieser Läden. Das hat zwar zum Aussterben des kleinen Ladens um die Ecke **(nærbutik)** geführt, doch dafür profitiert die Landbevölkerung von den niedrigeren Preisen.

Die Preise für Lebensmittel sind höher als bei uns, besonders bei Fleisch und Wurst.

Mindestens einmal pro Woche haben die Geschäfte auch abends geöffnet, und in der Stadt findet man immer einen offenen Laden, wenn man noch schnell etwas kaufen will.

Wenn Sie etwas bestellen oder kaufen wollen, so beginnen Sie den Satz immer so

🎵 **Jeg vil gerne have/købe ...**
jai will gerne hää/köbe
ich will gerne haben/kaufen
Ich möchte gerne ... haben/kaufen.

𝄞 **Hvor meget koster det?**	𝄞 **Findes der …**
wor mall koster de	finnes där
wie viel kostet das	*findet-sich da*
Wie viel kostet das?	Gibt es hier …

kød	köll	Fleisch	*Fleisch & Fisch*
hakket kød	hagget köll	Hackfleisch	
oksekød	ogseköll	Rindfleisch	
svinekød	swiineköll	Schweinefleisch	
fisk	fisk	Fisch	

grøntsager	grönnsäjer	Gemüse	*Gemüse & Getreide*
Grünsachen			
blomkål	blommkool	Blumenkohl	
bønner	bönner	Bohnen	
en agurk	en agurk	Gurke	
gulerødder	guuleröller	Karotten	
Gelbwurzeln			
kartofler	kartofler	Kartoffeln	
margarine	margariine	Margarine	
marmelade	marmelääle	Marmelade	
mel	meel	Mehl	
nudler	nudler	Nudeln	
ris	riis	Reis	

frugter	frugter	Obst	*Obst*
et æble	it ääble	Apfel	
æbler	ääbler	Äpfel	
bananer	banäner	Bananen	
pærer	pärer	Birnen	
jordbær	joorbäär	Erdbeeren	
kirsebær	kirsebäär	Kirschen	

Einkaufen

Öl & Gewürze		

olie	olie	Öl
peber	peeber	Pfeffer
salt	sält	Salz
sukker	sugger	Zucker

Brot & Butter

brød	bröll	Brot
smør	smör	Butter
et æg	ääg	ein Ei
fløde	flööthe	Sahne

Mengen

et kilo	it kilo	ein Kilo
et halvt kilo	it hält kilo	ein halbes Kilo
en liter	en lidder	einen Liter
en pose	en poose	eine Tüte
en dåse	en doose	eine Dose
et glas	it gläss	ein Glas
... gram	... gramm	... Gramm

🔊 **Tak, det var det hele!**
tak, de war de heele
danke, das war das Ganze
Danke, das ist alles!

Unterwegs

Die erste Orientierung:

🔊 **Hvordan kommer jeg til ...?**
wordenn kommer jai till
Wie komme ich nach ...?

Hvor langt er der til ...?
wor langt är där till
Wie weit ist es nach ...?

Hvor ligger ...? 🔊 **Det ligger i nærheden af ...**
wor ligger   de ligger i närhethen ä
wo liegt   *das liegt in Nähe-der von*
Wo liegt ...?   Das liegt in der Nähe von ...

Mit einem Smartphone kön-
nen Sie sich die mit einem
🔊 *gekennzeichneten Sätze*
dieses Kapitels anhören.

(til) højre	till hoier	(nach) rechts
(til) venstre	till venster	(nach) links
lige ud	lije uul	gerade aus
gågade	googääle	Fußgängerzone
Gehstraße		

... mit dem Auto

Hier die Höchstgeschwindigkeit in Däne-mark, wenn nicht anders angegeben:

motorvej	motorvai	Autobahn (110 km/h)
landevej	ländevai	Landstraße (80 km/h)
i byen	i büen	in der Stadt (50 km/h)
in Stadt-der		

*Polizei-***politi**

Wenn man nicht gerade zu schnell fährt, wird man kaum in näheren Kontakt mit der Polizei kommen. Falls man sie aber doch mal braucht, so spricht man Englisch und/oder Deutsch.

Natürlich fahren viele schneller, besonders auf der Autobahn, doch sollte man sich davon nicht anstecken lassen. Die Strafe, die fällig ist, wenn man erwischt wird, ist sehr hoch, und da die Entfernungen in Dänemark so gering sind, kann man kaum Zeit gewinnen. Aufpassen muss man in der Stadt, da es viele Radfahrer gibt.

Es gibt im Dänischen kein Wort für Vorfahrt, man sagt statt dessen **vigepligt** (Ausweichpflicht). Allein die Wortwahl macht deutlich, dass in Dänemark Rücksichtnahme im Verkehr ganz groß geschrieben wird.

Tankstellen haben nachts oft nicht geöffnet, es gibt aber fast überall Automaten (für Geldscheine!), deshalb sollte man immer ein paar kleine Scheine dabei haben.

Tankstelle	**tankstation**	tankstaschon
Geldscheinautomat	**seddelautomat**	sedelautomät
Abschleppseil	**slæbetov**	släbetou

🎵 **Vær venlig at fylde tanken op.**
wär wenli ä fülle tanken ob
freundlich zu füllen Tank-der auf
Bitte volltanken.

🎵 **Jeg vil gerne have 15 l diesel.**
jai will gerne hää fämdn lidder diisel
ich möchte gerne haben 15 l Diesel
Bitte 15 l Diesel.

super	super	*Super*
almindelig benzin	almindeli besin	*Normalbenzin*
blyfri	blüfri	*bleifrei*

Wenn mal was am Wagen kaputt geht, hier sind die wichtigsten Ersatzteile:

en aksel	en aksel	*Achse*
en starter	en starter	*Anlasser*
en udstødning	en uulstölning	*Auspuff*
en akkumulator	en akkumulätor	*Batterie*
en pære	en päär	*Birne*
et blinklys	it blinklüüs	*Blinker*
en bremsebelægning	en bremsebelägning	*Bremsbelag*
en pakning	en pakning	*Dichtung*
en reservedel	en reserwedeel	*Ersatzteil*
et gear	it giir	*Gang*
en gearkasse	en giirkässe	*Getriebe*
et kabel	it käbel	*Kabel*
en kilerem	en kiileräm	*Keilriemen*
en skærm	en skärm	*Kotflügel*
en køler	en kööler	*Kühler*
en kobling	en kobling	*Kupplung*
et rat	it ratt	*Lenkrad*
en motor	en motor	*Motor*
olie	olie	*Öl*
et hjul	it juul	*Rad*
et dæk	it däkk	*Reifen*
en lygte	en lügte	*Scheinwerfer*
en slange	en slange	*Schlauch*
en sikring	en sikring	*SIcherung*
en støddæmper	en stölldämper	*Stoßdämpfer*

Überbrückungskabel	**et startkabel**	it startkäbel
Vergaser	**en karburator**	en karburator
Zündkerze	**et tændrør**	it tändröör

Wenn man eine Panne hat, kann man sich mit den folgenden Sätzen bestimmt weiterhelfen lassen:

🗝 Vil du tage min bil på slæb?
will du täje min biil poo slääb
möchtest du nehmen mein Auto ins Schlepptau
Kannst du mich abschleppen?

🗝 Vil du hjaelpe mig med at skubbe?
will du jälpe mai mell ä skubbe
willst du helfen mir zu schieben
Kannst du mir schieben helfen?

🗝 Jeg har motorstop.   ... er defekt.
jai haar motorstop   ... är defekt
ich habe Motorstop   *... ist defekt*
Ich habe eine Panne.   ... ist defekt.

🗝 Tanken er tom.
tanken är tomm
Tank-der ist leer
Mein Tank ist leer.

🗝 Har du måske en benzindunk?
haar du moskee en besindunk
hast du vielleicht ein Benzinkanister
Hast du vielleicht einen Reservekanister?

🎵 Vil du tage mig med til den nærmeste tankstation?

will du täje mai mell till denn närmeste tankstaschon

willst du nehmen mich mit nach die nächste Tankstelle

Kannst du mich zur nächsten Tankstelle mitnehmen?

Aber ich hoffe natürlich, dass Sie keinen dieser Sätze auf Ihrer Reise brauchen werden!

... mit dem Flugzeug

Für junge Leute bietet die skandinavische Luftfahrtgesellschaft **SAS** sehr günstige Flüge innerhalb Skandinaviens an. Wenn man auf die Färöer fliegt, so ist sogar der innerdänische Zubringerflug nach Kopenhagen umsonst. Am besten erkundigt man sich, bevor man ein Ticket kauft. In Kopenhagen gibt es zwei Abteilungen des Flughafens, eine für innerdänische Flüge und eine für Flüge ins Ausland, auf die Färöer und nach Grönland.

Da man sich im Flughafen immer auf Englisch und meist auch auf Deutsch verständigen kann, gibt es hier nur den wichtigen Satz:

Hvordan kommer jeg til lufthavnen?

wordenn kommer jai till lufthaunen

Wie komme ich zum Flughafen?

... mit der Eisenbahn

Auch mit dem Zug bekommt man Ermäßigungen. Die Dänischen Staatsbahnen **(DSB)** haben ähnliche Preise wie die Bundesbahn und sind auch an den Superspartarif angeschlossen. Da er sich auch oft ändert, am besten vor der Reise nachfragen.

en station	en staschon	ein Bahnhof
en køreplan	en köörplään	ein Fahrplan
et billetsalg	it billettsäll	ein Fahrkarten-schalter
en billet	en billet	eine Fahrkarte
en perron	en perrong	ein Bahnsteig
et spor	it spoor	ein Gleis
afgå	augoo	abfahren
en afgang	en augang	Abfahrt
ankomme	ankomme	ankommen
en ankomst	en ankomst	Ankunft
et tog	it tou	ein Zug
en liggevogn	en liggewoun	ein Liegewagen
en sovevogn	en sowewoun	ein Schlafwagen
en spisevogn	en spiisewoun	ein Speisewagen
en kupé	en kupee	ein Abteil
(ikke-)rygere	igge rüjere	(Nicht-)Raucher
en togkiosk	en toukiosk	Zug-Kiosk

🔊 **Toget er forsinket.**
touet är forsinket
Zug-der ist verspätet
Der Zug hat Verspätung.

Den Satz hören Sie bestimmt das ein oder andere Mal auf einem dänischen Bahnsteig. Im Zug hören Sie außerdem die Ansage:

Om få minutter når vi ...
om foo minudder noor wi
In wenigen Minuten erreichen wir ...

Hvornår går det næste tog til ...?
wornoor goor det näste tou till
wann geht der nächste Zug nach
Wann fährt der nächste Zug nach... ?

Jeg vil gerne have en pladsbillet til toget til ...
jai will gerne hää en plässbillet till touet till
ich möchte gerne haben eine Platzkarte zu Zug-dem nach ...
Ich möchte eine Platzkarte für den Zug nach ...

... mit der Fähre

Wenn man in Dänemark mit der Fähre unterwegs ist, dann braucht man eigentlich kein Dänisch zu sprechen, da alles gut ausgeschildert ist. Steht man dann am Kassenhäuschen, sollte man allerdings den Preis verstehen können!

Hvor er havnen?
wor är haunen
wo ist Hafen-der
Wo ist der Hafen?

⑨ Hvornår afgår der en færge til ...?
wornoor augoor där en färwe till
wann abfährt da eine Fähre nach
Wann fährt eine Fähre nach ... ab?

⑨ Hvor kan man købe billetter?
wor kä man köbe billedder
wo kann man kaufen Karten
Wo kann man Karten kaufen?

⑨ Hvor tit sejler færgen til ...?
wor tit sailer färwen till
wie oft segelt Fähre-die nach
Wie oft geht die Fähre nach ...?

⑨ Hvor længe varer overfarten?
wor länge warer owerfarten
wie lange dauert Überfahrt-die
Wie lange dauert die Überfahrt?

... mit dem Fahrrad

Dänemark ist ein sehr Fahrrad-freundliches Land, ob in der Stadt oder auf dem Land.

⑨ Hvad koster det at tage en cykel med?
wor mall koster de ä täje en sükkel mell
was kostet es zu nehmen ein Fahrrad mit
Was kostet es, ein Fahrrad mitzunehmen?

på færgen	poo färwen	auf der Fähre
i toget	i towet	im Zug

en cykel	en sükkel	ein Fahrrad
et styr	it stüür	eine Lenkstange
en ventil	en wentiil	ein Ventil
en cykelsti		ein Fahrradweg
en sükkelstii		
en bremsesko		eine Bremsbacke
en bremseskoo		
et cykeldæk		ein Fahrradreifen
it sükkeldäkk		
en cykelkæde		eine Fahrradkette
en sükkelkääthe		
en cykelpumpe		eine Fahrradpumpe
en sükkelpumpe		
et krankleje		ein Tretlager
it kranklaie		

... mit Stadtverkehrsmitteln

In den Städten gibt es ein sehr gutes Netz von öffentlichen Verkehrsmitteln. Mehrfachfahrkarten, sogenannte **klippekort,** bekommt man an Kiosken. Wie viel man jeweils stempeln muss, steht überall auf Deutsch oder zumindest Englisch angeschrieben.

In Kopenhagen gibt es die **Copenhagen Card,** mit der man die öffentlichen Verkehrsmittel kostenlos benutzen kann und freien Eintritt in die Museen hat. Die Karte kostet 120-250 dkr für einen bis drei Tage (Kinder von 5-11 zahlen die Hälfte) und gilt in der ganzen Hauptstadtregion, so dass man bis Roskilde oder Helsingør kommt.

et stoppested	eine Haltestelle
it stoppestell	
en bus en buss	ein Bus (in der Stadt)
en rutebil en rutebiil	ein Überland-Bus
et S-tog it s-tou	eine S-Bahn

Jeg skal til …
jai skä till
ich will nach
Ich will nach …

Vil du sige til, når jeg skal stige ud?
will du sii till, noor jai skä stije uul
willst du sagen zu, wann ich soll steigen aus
Kannst du mir sagen, wann ich aussteigen muss?

… mit dem Taxi

Jeg vil gerne bestille en taxa til kl. 10.
jai will gerne bestille en taksa till kloggen ti
ich möchte gerne bestellen ein Taxi zu 10 Uhr
Ich möchte ein Taxi für 10 Uhr bestellen.

Wie bei uns hält man ein Taxi durch Winken an.

Til stationen!
till staschonen
zu Bahnhof-der
Zum Bahnhof, bitte!

Vær venlig at køre mig til …
wär wennli ä köör mai till
sei freundlich zu fahren mich nach …
Fahr mich bitte nach …

Übernachten

Einen Campingplatz **(campingplads)** gibt es überall, und wenn man nicht gerade in Kopenhagen ist, sind sie auch immer sehr gut ausgestattet und meist gut geführt. Man braucht einen dänischen Campingplatzausweis, der auch in den anderen skandinavischen Ländern gilt und umgekehrt.

Campingplatz

Vandrehjem, wie die Jugendherbergen in Dänemark heißen, bieten Übernachtungsmöglichkeiten von sehr hohem Niveau. Sie sind oft wie Hotels ausgerüstet und haben auch Familien- und Doppelzimmer.

Jugendherberge

Wer Kontakt zu Dänen bekommen möchte, für den ist die beste Art der Übernachtung ein Privatzimmer. Sieht man am Straßenrand das Schild **værelser** (Zimmer), dann kann man oft sehr günstig ein einfaches Zimmer bekommen und oft auch das Bad und die Küche mitbenutzen. Im Juli/August kann es aber passieren, dass man mehr Deutsche als Dänen trifft.

Privatzimmer

Es gibt in Dänemark das Programm **„meet the danes".** Beim örtlichen Fremdenverkehrsamt wird man dann an eine dänische Familie vermittelt, mit denen man einen gemeinsamen Abend verbringen kann.

„Meet the danes"

Am beliebtesten sind die Ferien in einem Ferienhaus **(sommerhus)**. Mieten kann man von Deutschland aus, was sich besonders im Juli/August empfiehlt, oder auch in Dänemark selbst, dann ist es etwas billiger.

Ferienhaus

🎵 **Hvor langt er der til stranden?**
wor langt är där till strann
wie weit ist es zu Strand-der
Wie weit ist es zum Strand?

🎵 **Hvor er brændet?**   🎵 **Er sommerhuset med ...**
wor är brännet   är sommerhuset mell
wo ist Feuerholz-das   *ist Sommerhaus-das mit*
Wo ist das Feuerholz?   Hat das Sommerhaus ...

Mit einem Smartphone können Sie sich die mit einem 🎵 gekennzeichneten Sätze dieses Kapitels anhören.

koldt og varmt vand		kaltes & warmes
kolt ou warmt wänn		Wasser
varme	warme	Heizung
el	ell	Strom
brusebad	bruusebäll	Dusche
sauna	sauna	Sauna
pejs	pais	Kamin

Während die Ferienhäuser früher recht einfach ausgestattet waren, liegt der Standard jetzt wesentlich höher, nicht zuletzt deshalb, weil die Dänen neuerdings auch im Winter gerne eine Woche in ihr **sommerhus** fahren.

🎵 **Jeg vil gerne blive her tre dage.**
jai will gerne bliwe här tre däje
ich möchte gerne bleiben hier drei Tage
Ich möchte drei Tage hierbleiben.

🎵 **Vi kører videre i morgen.**
wi köör withere imoorn
wir fahren weiter in morgen
Wir fahren morgen weiter.

Am Strand

Bademeister gibt es an dänischen Stränden nirgends. An vielbesuchten Stränden gibt es manchmal Schilder mit der Aufschrift **bad-ning forbudt** (Baden verboten), die vor dem Baden warnen, wenn die Strömung stark ist.

badedragt	bäledragt	Badeanzug
badebukser	bälebukser	Badehose
luftmadras	luftmadrass	Luftmatratze
sololie	soololie	Sonnenöl
vandmand	wännmänn	Qualle
badebro	bälebroo	Badesteg
klit	klitt	Düne
bølge	bölje	Welle
fribadestrand		Nacktbadestrand
fribälestrann		

RH

🕨 **Hvor varmt er vandet?**
wor warmt är wännet
wie warm ist Wasser-das
Wie warm ist das Wasser?

Rubjerg Knude

Ausgehen

Man trifft sich in Dänemark gerne in der Kneipe **(værtshus)** oder im Kino **(biograf)**. Alle Filme laufen im Original mit Untertiteln (auch im Fernsehen), weil das Synchronisieren zu teuer kommen würde.

Wenn man irgendwohin geht oder fährt, sagt man immer **jeg skal** (ich werde).

Mit einem Smartphone kön nen Sie sich die mit einem 🎵 gekennzeichneten Sätze dieses Kapitels anhören.

🎵 **Vi skal på værtshus i aften.**
wi skäll poo wärtshuus iafdn
wir werden auf Wirtshaus im Abend
Wir gehen in die Kneipe heute abend.

🎵 **Vil du ikke med?**
will du igge mell
Willst du nicht mit?

🎵 **Jo, det lyder godt.**
jou, de lütha gott
Doch, das klingt gut.

🎵 **Er denne plads ledig?**
är denne pläss ledi
Ist dieser Platz frei?

🎵 **Ja, værsgo.**
jä, wärsgoo
Ja, bitte (nimm Platz).

🎵 **Hvor er w.c.et/toilettet?**
wor är wese-et/toileddet
wo ist Klo-das/Toilette-die
Wo ist das Klo/die Toilette?

Auf der Toilettentür ist entweder ein Mann oder eine Frau abgebildet, oder es steht **herrer** bzw. **damer** drauf, was ja auch nicht schwer zu verstehen ist.

Flirt, Liebe & Co.

Wenn man jemanden kennenlernt, wird man vielleicht gefragt …

♪ Vil du danse med mig?
will du dänse mell mai
möchtest du tanzen mit mir
Möchtest du mit mir tanzen?

♪ Må jeg komme med dig hjem?
moo jai komme mell dai jämm
darf ich kommen mit dir nach-Hause
Darf ich mit zu dir kommen?

♪ Jeg giver morgenkaffe.
jai giwer moornkaffe
ich gebe Morgenkaffee
Hast du noch Lust auf'nen Kaffee?

Nach einem langen Fest könnte man auch gefragt werden …

Dies kann ein Angebot zu Kaffee und mehr sein, je nachdem wie der Abend verlaufen ist.

Jeg vil gerne sove med dig.
jai will gerne sowe mell dai
ich möchte gerne schlafen mit dir
Ich möchte gerne mit dir schlafen.

Har de noget kørende med hinanden?
haar dii no-et köörende mell hinännen
haben sie etwas fahrend mit einander
Läuft zwischen denen was?

Flirt, Liebe & Co.

flirte	flörde	flirten
elske	älske	lieben
kysse	küsse	küssen
forelsket	forälsket	verliebt
holde af en *halten von jmd.*	holle ä een	jmd. mögen
gå i byen *gehen in Stadt-die*	goo i büen	fremdgehen
bolle med	bolle mell	bumsen
være jaloux *sein eifersüchtig*	wäre schaluu	eifersüchtig sein
være utro *sein untreu*	wäre utroo	untreu sein
tage noget	täje no-et	etwas nehmen (zur Verhütung)
prævention	präwenschon	Verhütung
kondom	kondom	Kondom
gummi	gummi	Kondom
regnfrakke *Regenmantel*	rainfragge	„Kondom"
p-piller	peepiller	Pille
pillen	pillen	Pille
voldtage	wolltäje	vergewaltigen
bøsse	bösse	Schwuler
lebbe	läbbe	Lesbe

Und zu guter Letzt kann man auch einfach nur gemütlich schmusen:

kysse og kramme
küsse ou kramme
küssen und knutschen

Post, Bank, Telefon

In Telefonzellen bekommt man kein Geld zurück, auch wenn kein Anschluss zustandekommt. Deshalb erst mal nur eine Krone einwerfen, und wenn das Gespräch zustande kommt, nachwerfen.

et posthus	it posthuus	*ein Postamt*
en bank	en bank	*eine Bank*
en telefonboks	en telefonboks	*eine Telefonzelle*

🔊 **Hvor kan man veksle penge?**
wor kä mann wäksle penge
wo kann man wechseln Geld
Wo kann man Geld wechseln?

🔊 **Hvor kan jeg telefonere?**
wor kä jai telefoneer
wo kann ich telefonieren
Wo kann ich telefonieren?

🔊 **Hvad koster et brev til Tyskland/Østrig?**
wä koster it bre-u till tüsklänn/össtri
Was kostet ein Brief nach Deutschland/
Österreich?

*Die Notrufnummer
für Krankenwagen,
Feuerwehr oder Polizei
ist in Dänemark 112
(von jeder Telefonzelle
ohne Münzeinwurf
möglich).*

et frimærke	it frimärke	eine Briefmarke
et brev	it bre-u	ein Brief
et postkort	it postkort	eine Ansichtskarte
en check	en scheck	ein Scheck
et telekort	it telekort	eine Telefonkarte

Computer, Internet & Handy

Mit einem Smartphone kön-
nen Sie sich die mit einem
♪ gekennzeichneten Sätze
dieses Kapitels anhören.

Reisende wissen es längst zu schätzen, mal schnell in ein Internet-Café gehen zu können, um die E-Mails abzuchecken und den Freunden zu Hause eine kurze Nachricht zukommen zu lassen.

♪ Hvor meget koster det at bruge en computer?
wor mall koster de ä bruu-e en kompjuter
wie viel kostet es zu benutzen einen Computer
Wie viel kostet es, einen Computer zu benutzen?

♪ Hvordan åbner man dette program?
wordenn oobner man dette programm
wie öffnet man dieses Programm
Wie öffnet man dieses Programm?

♪ Har man brug for et kodeord/password?
haar man bruu for it kooleoor/paaswörd
hat man Gebrauch für ein Kodewort/Passwort
Benötigt man ein Passwort?

Die jungen Leute,
die in Internet-Cafés
arbeiten, werden
vermutlich alle
Englisch verstehen.
Deshalb hier nur die
wichtigsten Sätze
auf Dänisch.

♪ Du kan få fat i mig på mobilen.
du kä foo fät i mai poo mobiilen
du kannst bekommen zu fassen in mich auf Handy-das
Du kannst mich am Handy erreichen.

tilmelde	tillmelle	anmelden
skærm	skärm	Bildschirm
computer	kompjuter	Computer
mobiltelefon	mobiltelefon	Handy
Internet-Café	internet-kaffee	Internet-Café
snabel-a	snäbel-ä	@
Schnabel-a		
mus	muus	Maus
kodeord	kooleoor	Passwort
password	paaswörd	Passwort
søg	söö	suchen
tastatur	tästatuur	Tastatur
adgang	ällgang	Zugang

Die wichtigsten, d.h. ergiebigsten dänischen Suchmaschinen, heißen **www.kvasir.dk** *und* **www.jubii.dk**.

Ein paar interessante Websites für den Urlaub in Dänemark sind:

www.aok.dk (dän./engl.), **AOK** ist die Abkürzung für **Alt Om København** („alles über Kopenhagen"), bringt alles Wissenswerte über Konzerte, Veranstaltungen, Tipps.

www.denmark.dk (engl.), Links zu den offiziellen staatlichen Behörden, Ministerien, Universitäten.

www.dt.dk (dt./engl./div. Sprachen), offizielle Seite des dänischen Tourismusverbandes, Möglichkeit, Prospekte und Kataloge online zu bestellen.

www.dancamping.dk (dän.), alle Campingplätze Dänemarks.

www.dcu.dk (dän./dt./engl.), Seite des dänischen Campingverbandes (etwa 80 Plätze).

Krank sein

Sollte man einmal krank werden, so braucht man vielleicht ...

en læge en läje	ein Arzt/eine Ärztin
et sygehus/hospital it süjehuus/hospitääl	ein Krankenhaus
en ambulance en ambulanse	ein Krankenauto
en tandlæge en tännläje	ein/e Zahnarzt/-ärztin
en vagtlæge en wagtläje	ein/e Notfallarzt/-ärztin

Körperteile

Am einfachsten können Sie erklären, was Ihnen weh tut, wenn Sie auf die schmerzende Stelle zeigen.

en arm	en aarm	Arm
en hånd	en honn	Hand
en finger	en finger	Finger
et ben	it been	Bein
en fod	en fool	Fuß
en tå	en too	Zehe
et hoved	it howed	Kopf
et øje	it oie	Auge
et øre	it öör	Ohr
en næse	en näse	Nase
en læbe	en läbe	Lippe
et hjerte	it järte	Herz
en lunge	en lunge	Lunge
en mave	en mää-u	Bauch
en ryg	en rügg	Rücken

🔊 **Her gør det ondt.**
här gör de ont
Hier tut es weh.

Apotheke

et apotek	it apoteek	eine Apotheke
en recept	en resept	ein Rezept
vat	watt	Watte
tampon	tompoon	Tampon
bind	binn	Binde
kondom	kondoom	Kondom
p-piller	peepiller	Anti-Baby-Pille
hostesaft	hoostesaft	Hustensaft
sovepiller	sowepiller	Schlafmittel
øjendråber	oiendroober	Augentropfen
ørendråber	örendroober	Ohrentropfen
en forbinding	en forbinding	ein Verband

et hæfteplaster it häfteplaster	ein Heftpflaster
hovedpinetabletter howedpiinetabledder	Kopfschmerztablette
afføringsmiddel auföringsmiddl	Abführmittel
kultabletter kuultabledder	Kohletabletten
termometer termometer	Fieberthermometer
desinfektionsmiddel desinfekschonsmiddl	Desinfektionsmittel

Krank sein

<table>
<tr><td>Wie bei uns</td><td>🎵 Jeg vil gerne have noget mod …</td></tr>
<tr><td>gibt es die meisten</td><td>jai will gerne hää no-et mool</td></tr>
<tr><td>Medikamente</td><td>ich möchte gerne haben etwas gegen …</td></tr>
<tr><td>nur auf Rezept.</td><td>Ich möchte gerne etwas gegen … haben.</td></tr>
</table>

hovedpine	howedpiine	Kopfschmerzen
influenza	influensa	Grippe
halssmerter	hälssmärter	Halsschmerzen
tandpine	tännpiine	Zahnschmerzen
søsyge	sösüje	Seekrankheit
forbrænding	forbränding	Verbrennung
betændelse	betännelse	Entzündung
hævelse	häwelse	Schwellung

RH

Dänemarks kleinste Kirche in Venø

Schimpfen & Fluchen

Natürlich sind die Schimpfwörter sehr wichtig für eine Sprache; doch benutzen sollte man sie erst, wenn man die Sprache schon gut beherrscht, weil man sonst leicht ins Fettnäpfchen treten kann.

Wenn man sich ärgert, weil man sich z.B. geschnitten hat, sagt man ...

For søren/pokker!
for sören/pogger
Zum Teufel/Mist!

Will man jemanden beleidigen, so benutzt man **din** (dein) an Stelle von „du" ...

Din klovn/torsk!	din kloun/torsk	*Du Clown!/Du Narr!*
dein Clown/Dorsch		
Din idiot!	din idiot	*Du Idiot!*
dein Idiot		
Dit svin!	dit swiin	*Du Schwein!*
Tøsedreng!	töösedräng	*Muttersöhnchen!*
Mädel-Junge		
(Gamle) Røvhul!	(gamle) röuhull	*(Altes) Arschloch!*

Det rager ikke dig en skid!
dee raua igge dai en skiil
das kümmert nicht dich einen Scheiß
Das geht dich einen Dreck an!

Rend mig (i røven)!   **Hold kæft!**
ränn mai i röu-en   hold käft
renne mir (in Arsch-der)
Leck mich (am Arsch)! Halt's Maul!

Achtung: **Hold kæft** wird auch als Ausdruck
der Verwunderung gebraucht:

Hold kæft hvor var det spændende!
hold käft wor war de spännende
halt's Maul wie war das spannend
Mein Gott, war das spannend!

Slang

Obwohl Dänemark sehr klein ist, ändern sich
die Slangausdrücke alle 10 km. Wer sich dafür
interessiert, sollte sich **Politikens Slangordbog**
kaufen. Darin sind viele dänische Slangaus-
drücke aufgeführt, und es gibt jedes Jahr eine
neue Auflage. Ansonsten ist die dänische
Sprache stark von Dialekten geprägt. Da
kann ich nur empfehlen, mal eine Platte von
Niels Hausgaard zu hören. Er singt seine Lie-
der in einem nordjütländischen Dialekt und
druckt auf der Plattenhülle auch die dänische
Übersetzung ab, weil es sonst kaum jemand
verstehen würde.

Ein Wort, das jedoch überall benutzt und
verstanden wird, ist:

Strømer strömer   „Bulle" (Polizist)
Stromer

Abkürzungen

bl. a.	**bland andet** blänn ännet	
	unter anderem	
dvs.	**det vil sige** de will sii	
	das heißt	
e. Kr.	**efter Kristi fødsel** efter kristi fössel	
	nach Christi Geburt	
f. Kr.	**før Kristi fødsel** för kristi fössel	
	vor Christi Geburt	
f. eks.	**for eksempel** for iksempel	
	zum Beispiel	
gl.	**gammel** gammel	
	alt	
hhv.	**henholdsvis** henholswiis	
	beziehungsweise	
kgl.	**kongelig** kongeli	
	königlich	
kl.	**klokken** kloggen	
	Uhr	
kr.	**kroner** kroner	
	Kronen	
o. a.	**og andet/andre** ou ännet/andre	
	und andere, -s	
obs!	**observere!** obserweer	
	Achtung!	
o. lign.	**og lignede** ou liinende	
	und ähnliche	
o. s. v.	**og så videre** osowiithere	
	und so weiter	
t. h./v.	**til højre/venstre** till hoier/wänster	
	nach rechts/links	
tlf.	**telefon** telefon Telefon	

Literaturhinweise

Sie haben sich hoffentlich mit Hilfe dieses kleinen Buches in Dänemark gut zurechtfinden können. Vielleicht möchten Sie jetzt etwas mehr Dänisch lernen. Hier ein paar Büchertipps:

Die hier genannten Bücher/Schriften sind nicht über den Reise Know-How Verlag erhältlich.

Dänisch ohne Mühe Audio-Sprachkurs für Anfänger, 1 Lehrbuch, 4 Audio-CDs, Assimil GmbH, Köln, ISBN: 9783896252135 Umfangreicher Selbstlernkurs nicht nur für Anfänger.

Dänisch. Ein Grundkurs für Erwachsene von Annegret Jöhnk, Hueber Verlag.

Für die Reise ist ein kleines Taschenwörterbuch sinnvoll. Sie sollten möglichst ein deutsches kaufen, weil dort auch das grammatische Geschlecht der dänischen Wörter angegeben ist!

Politikens Slangordbog, Politikens Forlag, nur in Dänemark erhältlich. Wie schon im Text erwähnt, ein sehr interessantes Buch, aus dem man viel über dänische Umgangssprache lernen kann.

RH

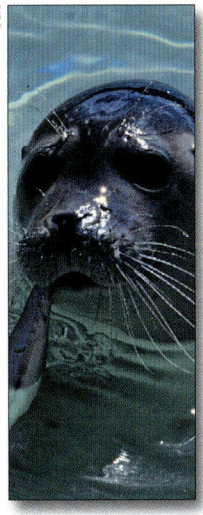

In dieser Wörterliste stehen natürlich nicht alle wichtigen Wörter drin. Ein kleines Wörterbuch zusätzlich kann auf jeden Fall nicht schaden. Bei allen Hauptwörtern steht der unbestimmte Artikel dabei, bei allen Tätigkeitswörtern die drei Formen, die im Grammatikteil erläutert sind. Steht der Artikel in Klammern, so bedeutet dies, dass das Wort nur in der bestimmten Form benutzt wird.

Junger Seehund

A

af, fra von
et affald Abfall
afhængig süchtig
afskyelig scheußlich
en aften Abend
aldrig nie
alene allein
alle alle
allerede schon
almindelig allgemein
alt for viel zu
altid immer
alvorlig ernst
anbefale,-de,-t empfehlen
anden/andet andere,r,s
anden/andet zweite,r,s
et ansigt Gesicht
ansvarlig verantwortlich
antage,-tog,-taget vermuten
arbejde,-ede,-et arbeiten
en avis Zeitung

B

et bad Bad
bag hinter
en bakke Hügel
bare, kun nur
et barn Kind
bede om,bad,bedt bitten um
bedrøvet traurig
en bedstefar Opa
en bedstemor Oma
begynde,-te,-t anfangen
begærlig gierig
behagelig, rar angenehm
et beløb Betrag
et ben Bein

et ben Knochen
berømt, kendt berühmt
bestemme,-te,-t bestimmen
besynderlig seltsam
betale,-te,-t bezahlen
betyde,-tod,-tydet bedeuten
en bi Biene
bide,bed,bidt beißen
et bjerg Berg
en bil Auto
en bil Wagen
et billede Bild
en billet Fahrkarte
billig billig
binde,bandt,bundet binden
en biograf Kino
blaffe,-ede,-et trampen
en blaffer Anhalter
blande,-ede,-et mischen
blandet gemischt
blandt andet unter anderem
blind blind
blive,blev,blevet bleiben
en blomst Blume
en blyant Bleistift
blå blau
blød weich
bløde,-te,-t bluten
bo,-ede,-et wohnen
en bog Buch
en bold Ball
en bondegård Bauernhof
et bord Tisch
en bred Ufer
bringe,bragte,bragt bringen
en bro Brücke
en bror Bruder
brugt gebraucht
brun braun
et brød Brot

brække,-ede,-et brechen
en bugt Bucht
en bund, et gulv Boden
en butik Laden
en by Stadt
byde,bod,budt bieten
bygge,-ede,-et bauen
en bygning Gebäude
bytte,-ede,-et lauschen
både...og sowohl...als auch
en bølge Welle
et bælte Gürtel
et bånd Band
et bær Beere
bære,bar,båret tragen

C/D

en cykel Fahrrad
en dag Tag
danse,-ede,-et tanzen
dansk dänisch
en dansker Däne/in
en datter Tochter
dejlig schön
en del Teil
dele,-te,-t teilen
den/det es
der dort
der er es gibt
derovre drüben
en dom Urteil
en dommer Richter
doven faul
dreje af,-ede,-et abbiegen
en dreng Junge
drikke,drak,drukket trinken
en dråbe Tropfen
dræbe,-te,-t töten
drømme,drømte,drømt
träumen

en dukke Puppe
dum dumm
dyb tief
dyr teuer
et dyr Tier
død tot
dø,døde,død sterben
en dør Tür
dårlig schlecht
en dåse Dose
en dåseåbner Dosenöffner
døv taub

E

en edderkop Spinne
efter nachdem
et efterår Herbst
efter, til nach (Richtung)
egen/eget eigen
egnet geeignet
eller oder
elske,-ede,-et lieben
endelig schließlich
endnu noch
endog sogar
eneste einzig
en eng Wiese
enkel einfach
ensom einsam
enten entweder
enten entweder

F

falde,-t,-et fallen
fantastisk toll
en far Vater
farlig gefährlich
en farve Farbe
fed fett

et felt Feld
en ferie Urlaub
en fest Fest
fiffig schlau
en film Film
fin fein
finde,fandt,fundet finden
en finger Finger
finsk finnisch
firkantet viereckig
en fisk Fisch
fiske,-ede,-et angeln
en fisker Fischer
en fjer Feder
et fjernsyn Fernseher
flad flach
et flag Fahne
en flaske Flasche
flittig fleißig
en flue Fliege
flyde,flod,flydt fließen
flydende flüssig
flygte,-ede,-et fliehen
flyve,fløj,fløjet fliegen
en flyvemaskine Flugzeug
(en) fløde Sahne
en fod Fuß
en fodbold Fußball
folk Leute
for ... siden vor (zeitl.)
foran vor (räuml.)
for, til für
forbi vorbei
forbinde,-bandt,-bundet
verbinden
en forbrydelse Verbrechen
forbudt verboten
fordi, da weil
en fordom Vorurteil
forelsket verliebt
en forening Verein

foretage sig,-tog,-taget
  unternehmen
forfærdelig furchtbar
forkert falsch
forklare,-ede,-et erklären
forlade,-lod,-ladt verlassen
forlovet verlobt
fornuftig vernünftig
en fornøjelse Vergnügen
en forretning Geschäft
forrige vorige,r,s
en forsamling
  Versammlung
forsigtig vorsichtig
en forsinkelse Verspätung
forskellig verschieden
forskrække,-ede,-et
  erschrecken
et forslag Vorschlag
forstyrre,-ede,-et stören
forstå,-stod,-stået
  verstehen
forsvinde,-svandt,-svundet
  verschwinden
fortælle,-talte,-talt
  erzählen
et forår Frühling
forære,-ede,-et schenken
en frakke Mantel
en fred Friede
fremmed fremd
fremstille,-ede,-et
  herstellen
en fremtid Zukunft
fri frei
frisk frisch
frivillig freiwillig
en frugt Obst
frugtbar fruchtbar
fryse,frøs,frosset frieren
fræk frech

en fugl Vogel
fuld betrunken
fuld voll
fuldstændig völlig
få wenige
fødevarer Lebensmittel
født geboren
få,fik,fået bekommen
føle,-te,-t fühlen
følge,fulgte,fulgt begleiten
følge,fulgte,fulgt folgen
et får Schaf
færdig fertig
føre,-te,-t führen
en færge Fähre
første erste, r, s

G

en gade (Stadt)Straße
en gaffel Gabel
gal verrückt
gammel alt
en gang til noch einmal
en ged Ziege
gemen gemein
gennem durch
gennemprygle,-ede,-et
  verprügeln
gennemsigtig durchsichtig
gerrig geizig
gift verheiratet
gifte sig,-ede,-et heiraten
give op,gav,givet aufgeben
give,gav,givet geben
et glas Glas
glat glatt
glemme,-te,-t vergessen
glad froh
glæde sig til,-ede,-et
  sich freuen auf

gnide,gned,gnedet reiben
god gut
en gople Qualle
grave,-ede,-et graben
gravid schwanger
gribe,greb,grebet greifen
grim, hæslig hässlich
grusom grausam
en gryde Topf
grå grau
græde,græd,grædt
  weinen
grøn grün
grønsager Gemüse
en grænse Grenze
en gud Gott
gul gelb
(et) guld Gold
gyldig gültig
gå,gik,gået gehen
en gård Hof
gøre ondt,gjorde,gjort
  wehtun
gøre vrovl,gjorde,gjort
  meckern
gøre,gjorde,gjort machen
gætte,-ede,-et raten

H

en hage Kinn
en hale Schwanz
et halstørklæde Schal
halv halb
en hammer Hammer
han er
en handske Handschuh
en hare Hase
en hat Hut
et hav Meer
en have Garten

have på anhaben
have,havde,haft haben
en havn Hafen
hedde,hed, heddet heißen
hel ganz
hellig heilig
hemmelig geheim
hente,-ede,-et holen
her hier
herover hierüber
en hest Pferd
hilse,-te,-t grüßen
hinanden einander
en historie Geschichte
hjem nach Hause
hjemme zu Hause
et hjerte Herz
et hjul Rad
hjælpe,hjalp,hjulpet helfen
et hjørne, en krog Ecke
holde af,holdt,holdt
  mögen
holde,holdt,holdt halten
en honning Honig
en hud Haut
hugge,-ede,-et klauen
hul hohl
et hul Loch
et humør Laune
hurtig schnell
et hus Haus
huske,-ede,-et erinnern
hver jeder
hverken ... eller
  weder ... noch
hvid weiß
et hvidløg Knoblauch
hvile sig ud,-ede,-et
  sich ausruhen
hvis wenn (falls)

håbe,-ede,-et hoffen
høflig höflich
høj hoch
højre rechts
højt laut
en højttaler Lautsprecher
en hånd Hand
et håndklæde Handtuch
en håndtaske Handtasche
en høne Huhn
hænge,hang,hængt
  hängen
et hår Haar
hård hart
høre,-te,-t hören

I

i dag heute
i forgårs vorgestern
i går gestern
i morgen morgen
i nærheden af nahe bei
i overmorgen übermorgen
i in (räuml.)
i, siden seit
igen wieder
ikke nicht
en ild Feuer
ind hinein
ind i ... hinein hinein
indeni drinnen
indre innere,r s
ingen niemand
ingen/intet kein
ingenting nichts
invitere,-ede,-et einladen
en is Eis
itu kaputt

J

ja ja
jage,jog,jaget jagen
en jakke Jacke
jeg ich
en jord Erde
et jordbær Erdbeere
jævn eben

K

et kabel Kabel
en kage Kuchen
kalde,-te,-t rufen
en kano Kanu
en kartoffel Kartoffel
en kasket Mütze
en kasse Kiste
kaste,-ede,-et werfen
en kat Katze
kedelig langweilig
kende,-te,-t kennen
kigge,-ede,-et gucken
en kilde Quelle
en kirke Kirche
en kirkegård Friedhof
et kirsebær Kirsche
en kjole Kleid
en klit Düne
klog klug
en klokke Glocke
klæbe,-ede,-et kleben
klæde sig om,-te,-t
  sich mziehen
klø,-ede,-et jucken
klø,-ede,-et kratzen
en knap Knopf
knibe,kneb,knebet kneifen

en kniv Messer
en knude Knoten
et knæ Knie
kogt gekocht
kold kalt
et komfur Ofen
komme for sent,kom,
kommet sich verspäten
komme,kom,kommet
 kommen
et kontor Büro
en kontrakt Ve rtrag
en kop Tasse
kort kurz
et kort Karte
en kreds Kreis
en krig Krieg
en krop Körper
krybe,krøb,krøbet kriechen
en kuffert Koffer
en kugle Kugel
en kuglepen
 Kugelschreiber
kulørt bunt
kunne lide gefallen
kunne können
kunstig künstlich
en kupé Abteil
en kurv Korb
en kvinde Frau
en kvist Zweig
en kvittering Quittung
kvæle,kvalte,kvalt
 ersticken
et kys Kuss
kysse,-ede,-et küssen
købe ind,-le,-t einkaufen
købe,-te,-t kaufen
et kød Fleisch
en kæde Kette

et køkken Küche
et køleskab Kühlschrank
kæmme,-ede,-et kämmen
kæmpe,-ede,-et kämpfen
et køn Geschlecht (m/w)
køn, smuk hübsch
en køreplan Fahrplan
køre, -te, -t fahren
kærlig zärtlich
en kærlighed Liebe

L

lade,lod,ladet lassen
en lampe Lampe
et land Land
en landevej Landstraße
en landsby Dorf
lang weit
langsom langsam
en lastbil Lastwagen
latterlig lächerlich
lav niedrig
lave mad,-ede,-et kochen
le ad,lo,leet lachen über
lege,-ede,-et spielen
leje,-ede,-et mieten
en lejlighed Wohnung
let leicht
leve,-ede,-et leben
lide,led,lidt leiden
lidt wenig
lige gerade
lige gleich
lignende ähnlich
lille, små klein
en liter Liter
livlig lebendig
en lommelygte
 Taschenlampe

et lommetørklæde
 Taschentuch
en lov Gesetz
love,-ede,-et versprechen
en luder Dirne
(en) luft Luft
en lufthavn Flugplatz
lugte,-ede,-et riechen
lukke op,-ede,-et
 aufmachen
lukke,-ede,-et schließen
lukket geschlossen
lyde,lød,lydt klingen
lykkelig glücklich
lys hell
et lys Licht
en lyst Lust
lyve,løj,løjet tilgen
en læbe Lippe
løbe vild,løb,løbet
 sich verlaufen
løbe,løb,løbet laufen
løfte,-ede,-et heben
et løg Zwiebel
en læge Arzt
ligge,lagde,lagt legen
låne,-te,-t leihen
en længsel Sehnsucht
lære at kende,-te,-t
 kennenlernen
en lærer Lehrer
lære,-te,-t lernen
løs los
læse,-te,-t lesen
låse,-te,-t verschließen

M

en mad Essen
mager dürr

mange viele
mangle,-ede,-et fehlen
en mark Acker
et marked Markt
en marmelade Marmelade
en mave Bauch
med mit
meget sehr
meget viel
(et) mel Mehl
mellem zwischen
men, dog aber
mene,-te,-t meinen
et menneske Mensch
mens während
mere, flere mehr
miste,-ede,-et verlieren
misundelig neidisch
moden reif
modig mutig
en mor Mutter
en morgen Morgen
en morgenmad Frühstück
morsom lustig
en mose Moor
en motorcykel Motorrad
en motorvej Autobahn
(et) mudder Schlamm
mulig möglich
en mund Mund
en mur Mauer
en mus Maus
et museum Museum
en myg Mücke
en myre Ameise
mødes,mødtes, sich treffen
måle,-te,-t messen
en mælk Milch

må,måtte,måttet dürfen, müssen
en måne Mond
måske vielleicht
mæt satt

N

en nabo Nachbar
en nat Nacht
et navn Name
ned herunter
nede unten
en nederdel Rock
en negl Nagel (Finger-)
nej nein
et net Netz
nogen/noget etwas
nogle einige
nok genug
norsk norwegisch
nu jetzt
ny neu
nyde,nød,nydt genießen
nyse,nøs,nyst niesen
nysgerrig neugierig
nyttig nützlich
en nød Nuss
nødvendig nötig
nogen nackt
en nøgle Schlüssel
nøgtern, ædru nüchtern
nøjagtig genau
en nål Nadel
nå,nåede,nået erreichen
næppe kaum
når wenn (zeit.)
en næse Nase
næste nächste,r,s
næsten fast

O

offentlig öffentlich
og und
(en) olie Öl
om ob
om (zeitl.) in
ombytte,-ede,-et umtauschen
omtrent ungefähr
ond, slem böse
op hinauf
oprindelig ursprünglich
et ord Wort
en ordbog Wörterbuch
en orm Wurm
en ost Käse
oven, oppe oben
over über
overalt überall
overnatte,-ede,-et übernachten
overtale,-te,-t überreden

P

en pakke Paket
pakke ned,-ede,-et einpacken
et papir Papier
et par bukser Hose
en paraply Regenschirm
et pas Pass
(et) peber Pfeffer
penge Geld
en perron Bahnsteig
en pibe Pfeife
pibe,peb,pebet pfeifen
en pige Mädchen
pine,-te,-t quälen

pinlig peinlich
en plads Platz
en plante Pflanze
pleje,-ede,-et pflegen
pludselig plötzlich
(et) politi Polizei
en prop Korken
en proptrækker
  Korkenzieher
præcis pünktlich
prøve,-ede,-et versuchen
prøve,-de,-et, smage,-te,-t
  probieren
en pude Kissen
en pyt Pfütze
en pølse Wurst
en pære Birne

R

en ramme Rahmen
rar nett
rasende wütend
rask gesund
regne,-ede,-et rechnen
regne,-ede,-et regnen
en regning Rechnung
en rejse Reise
ren sauber
en reol Regal
reparere,-te,-t reparieren
en ret Recht
retfærdig gerecht
en retning Richtung
ride,red,redet reiten
rig reich
rigtig richtig
ringe op,-ede,-et anrufen
ringe,-ede,-et klingeln
(en) ris Reis

rive itu,rev,revet zerreißen
rive op,rev,revet aufreißen
rive,rev,revet reißen
ro,-ede,-et rudern
rolig ruhig
en rotte Ratte
ru rauh
et rum Raum
et rundstykke, en bolle
  Semmel
en ryg Rücken
ryge,røg,røget rauchen
en rygsæk Rucksack
rå roh
rød rot
rådden verfault
et rådyr Reh
en røg Rauch

S

en saks Schere
en salat Salat
(et) salt Salz
sammen zusammen
sand wahr
(et) sand Sand
sandsynligvis wahrscheinlich
en sang Lied
sart zart
se på,så,set anschauen
en seddel Zettel
et sejl Segel
et selskab Gesellschaft
sen spät
sende,-te,-t schicken
senere später
en seng Bett
sensibel empfindlich
se,så,set sehen

sidde,sad,siddet sitzen
en side Seite
sidste letzte,r,s
sige,sagde,sagt sagen
sikker sicher
sjov lustig, spaßig
en sjæl Seele
sjælden selten
et skab Schrank
skadelig schädlich
skaffe,-ede,-et beschaffen
skamme sig,-ede,-et
  sich schämen
skarp scharf
skatten Steuer, die
en ske Löffel
ske,skete,sket geschehen
et skib Schiff
skifte,-ede,-et wechseln
skilt getrennt
et skilt Schild
et skind Leder
en skinke Schinken
skinne,-ede,-et scheinen
skinsyg eifersüchtig
en skjorte Hemd
skjule,-te,-t verstecken
en sko Schuh
en skole Schule
en skov Wald
skrige,skreg,skreget
  schreien
skrive,skrev,skrevet
  schreiben
en skrue Schraube
en skruetrækker
  Schraubenzieher
skrøbelig zerbrechlich
skrækkelig schrecklich
skubbe,-ede,-et schieben

en skuffe Schublade
skulle sollen
en sky Wolke
skyde,skod,skudt
  schießen
en skygge Schatten
skylde,-te,-t schulden
skynde sig,-te,-t
  sich beeilen
en skål Schüssel
skænke i,-ede,-et
  eingießen
skønt obwohl
skære,skar,skåret
  schneiden
en skærm Schirm
en slange Schlange
en slange Schlauch
slank schlank
slikke,-ede-et lecken
slippe,slap,sluppet
  loslassen
et slot Schloss
(et) sludder Quatsch
slæbe,-te,-t abschleppen
et slægt Geschlecht,
  Familie
slå,slog,slået schlagen
smage,-te,-t schmecken
smal schmal
en smerte Schmerz
smide,smed,smidt
  schmeißen
småpenge Kleingeld
(et) smør Butter
snakke,-ede,-et reden
snart bald
snavset schmutzig
snyde,snød,snydt
  betrügen, schummeln

snæver eng
en sok, en strømpe Strumpf
en sol Sonne
sort schwarz
sove,sov,sovet schlafen
en sovepose Schlafsack
en sovs Soße
en spand Eimer
et spejl Spiegel
spids spitz
spise,-te,-t essen
et spor Gleis
springe,sprang,sprunget
  springen
spørge,spurgte,spurgt
  fragen
et spørgsmål Frage
stadigvæk immer noch
et stakit Zaun
standse,-ede,-et anhalten
en station Bahnhof
et stearinlys Kerze
et sted Ort
stegt gebraten
stejl steil
en sten Stein
en stige Leiter, die
stige ind,steg,steget
  einsteigen
stige om,steg,steget
  umsteigen
stige,steg,steget steigen
stikke,stak,stukket
  stechen
en stikkontakt Steckdose
stille leise
stille,-ede,-et stellen
stinke,stank,stinket
  stinken
stiv steif

stivsindet stur
en stjerne Stern
stjæle,stjal,stjålet stehlen
en stok Stock
en stol Stuhl
stolt stolz
stor groß
en strand Strand
stride,stred,stridt
  streiten
stryge,strøg,strøget
  streichen
strække,strakte,strakt
  strecken
strøm, el Strom
et stykke Stück
stå af,stod,stået
  aussteigen
stå op,stod,stået
  aufstehen
støde,-te,-t stoßen
stærk stark
stå,stod,stået stehen
(et) støv Staub
en støvle Stiefel
(et) sukker Zucker
en sult Hunger
sulten hungrig
sur sauer
svag schwach
en svamp Pilz
en svamp Schwamm
et svar Antwort
svare,-ede,-et antworten
svede,-te,-t schwitzen
svensk schwedisch
et svin Schwein
svømme,-ede,-et
  schwimmen
svær schwierig

sværge,svor,svoret
schwören
sy,-ede,-et nähen
syg krank
et sygehus Krankenhaus
synge,sang,sunget singen
synke,sank,sunket sinken
så so
en sø See
en sæbe Seife
sød lieb, süß
søge efter,-te,-t
suchen nach
en sæk Sack
sælge,solgt,solgt
verkaufen
(et) sølv Silber
en søn Sohn
såre,-ede,-et verletzen
særlig, især besonders
en søster Schwester
sætte sig,satte,sat
sich setzen

T

tage,tog,taget nehmen
tage bursebad,tog,taget
duschen
tage livet af,tog,taget
umbringen
tage på,tog,taget
anziehen
tale,-te,-t sprechen
en tallerken Teller
tam zahm
en tand Zahn
en tandbørste Zahnbürste
en tandpasta Zahnpaste
en tang Zange

en tankstation Tankstelle
en taske, en lomme
Tasche
tavs stumm
et tegn Zeichen
et telt Zelt
temmelig ziemlich
en tid Zeit
tidlig früh
et tidsskrift Zeitschrift
tie,tav,tiet schweigen
tilbage zurück
tilfældig zufällig
tilhøre,-te,-t gehören
tillade,-lod,-ladt erlauben
en time Stunde
en ting Ding
en ting Sache
tit, ofte oft
(en) tobak Tabak
et tog Zug
et toilet, et wc Toilette
tom leer
en trappe Treppe
tro,-ede,-et glauben
trofast treu
et træ Baum
et træ Holz
en tråd Draht
en tråd Faden
træde,trådte,trådt treten
en trøje Pullover
trække,trak,trukket
ziehen
træt müde
tung schwer
en tunge Zunge
tvinge,tvang,tvunget
zwingen
tværs quer

tyk dick
tynd dünn
en tyv Dieb
en tå Zeh
en tåge Nebel
(et) tøj Kleidung
tænde,-te,-t anzünden
tænde for,-te,-t
anschalten
tændstikker
Streichhölzer
tænke,-te,-t denken
tænke sig om,-te,-t
nachdenken
tør trocken
et tørklæde Tuch
et tårn Turm
tørre af,-ede,-et
abtrocknen
tørstig durstig

U

u un‑
ud heraus, hinaus
uden ohne
udenfor draußen
udenlandsk ausländisch
udvikle,-ede,-et entwickeln
en uge Woche
ugift ledig
(en) uld Wolle
under unter
underbukser Unterhose
underholde,-holdt,-holdt
unterhalten
undertiden manchmal
et ur Uhr (eine)
uskyldig unschuldig
ussel elend

V

et valg Wahl
(et) vand Wasser
varm warm
vaske sig,-ede,-et
  sich waschen
ved um (zeitl.)
ved siden af neben
en vej (Land-)Straße
veje,-ede,-et wiegen
(et) vejr Wetter
en ven Freund
en veninde Freundin
venlig freundlich
venstre links
vente,-ede,-et warten
en verden Welt
vide (ved,vidste,vidst)
  wissen
videre weiter

vigtig wichtig
vild wild
ville wollen
en vin Wein
(en) vind Wind
vinde,vandt,vundet
  gewinnen
et vindue Fenster
en vinge Flügel
virke,-ede,-et funktionieren
vise,-te,-t zeigen
vokse,-ede,-et wachsen
voksen erwachsen
våd nass
en væg Wand
vågen wach
væk weg
vælge,valgte,valgt
  aussuchen
vælge,valgte,valgt wählen
værdifuld wertvoll
være sein

være bange Angst haben
være sur over ärgern über
et værelse Zimmer
et værktøj Werkzeug
en å, en flod Fluss
åben offen
åbne öffnen
en ånd Geist
et år Jahr
æde,åd,ædt fressen
ægte echt
ærlig ehrlich
et æg Ei
en æske Schachtel
en ø Insel
ødelagt verwüstet
ødelægge,-lagde,-lagt
  zerstören
en øl Bier (Flasche,Glas)
(et) øl Bier (im allg.)
ønske,-ede,-et wünschen
et øre Ohr

A

abbiegen dreje af,-ede,-et
Abend en aften
aber men, dog
Abfall et affald
abschleppen slæbe,-te,-t
abspülen vaske op,-ede,-et
Abteil en kupé
abtrocknen tørre af,-ede,-et
Acker en mark
ähnlich lignende
ärgern über være sur over
alle alle
allein alene
allgemein almindelig

alt gammel
Ameise en myre
andere,r,s anden/andet
anfangen begynde,-te,-t
angeln fiske,-ede,-et
angenehm behagelig, rar
Angst haben være bange
anhaben have på
anhalten standse,-ede,-et
Anhalter en blaffer
anrufen ringe op,-ede,-et
anschalten tænde for,-te,-t
anschauen se på,så,set
Antwort et svar
antworten svare,-ede,-et
anziehen tage på,tog,taget
anzünden tænde,-te,-t

arbeiten arbejde,-ede,-et
Arzt en læge
aufgeben give op,gav,givet
aufmachen
  lukke op,-ede,-et
aufreißen rive op,rev,revet
aufstehen
  stå op,stod,stået
ausländisch udenlandsk
ausruhen, sich
  hvile sig ud,-ede,-et
aussteigen
  stå af,stod,stået
aussuchen
  vælge,valgte,valgt
Auto en bil
Autobahn en motorvej

B

Bad et bad
Bahnhof en station
Bahnsteig en perron
bald snart
Ball en bold
Band et bånd
Bauch en mave
bauen bygge,-ede,-et
Bauernhof en bondegård
Baum et træ
bedeuten
   betyde,-tod,-tydet
beeilen, sich
   skynde sig,-te,-t
Beere et bær
begleiten følge,fulgte,fulgt
beißen bide,bed,bidt
bekommen få,fik,fået
bereuen fortryde,-trød,-
   trudt
Berg et bjerg
berühmt berømt, kendt
besonders særlig, især
bestimmen bestemme,-te,-t
Betrag et beløb
betrügen snyde,snød,snydt
betrunken fuld
Bett en seng
bezahlen betale,-te,-t
Biene en bi
Bier en øl (Flasche,Glas)
bieten byde,bød,budt
Bild et billede
billig billig
binden binde,bandt,bundet
Birne en pære
bitten um
   bede om,bad,bedt

blau blå
bleiben blive,blev,blevet
Bleistift en blyant
blind blind
Blume en blomst
bluten bløde,-te,-t
Boden en bund, et gulv
böse ond, slem
braun brun
brechen brække,-ede,-et
bringen bringe,bragte,bragt
Brot et brød
Bruder en bror
Brücke en bro
Buch en bog
Bucht en bugt
Büro et kontor
bunt kulørt
Butter (et) smør

D

Däne/in en dansker
dänisch dansk
denken tænke,-te,-t
dick tyk
Dieb en tyv
Ding en ting
Dorf en landsby
dort der
Dose en dåse
Dosenöffner en dåseåbner
Draht en tråd
draußen udenfor
drinnen indeni
drüben derovre
Düne en klit
dünn tynd
dürfen må,måtte,måttet
dürr mager

dumm dum
dunkel mørk
durch gennem
durchsichtig gennemsigtig
durstig tørstig
duschen
   tage brusebad,tog,taget

E

eben jævn
echt ægte
Ecke et hjørne, en krog
ehrlich ærlig
Ei et æg
eifersüchtig skinsyg
eigen egen/eget
Eimer en spand
einander hinanden
einfach enkel
eingießen skænke i,-ede,-et
einige nogle
einkaufen købe ind,-te,-t
einladen invitere,-ede,-et
einpacken
   pakke ned,-ede,-et
einsam ensom
einsteigen
   stige ind,steg,steget
einzig eneste
Eis en is
elend ussel
empfehlen anbefale,-de,-t
empfindlich sensibel
eng snæver
entweder enten
entwickeln udvikle,-ede,-et
erbärmlich ynkelig
Erdbeere et jordbær
Erde en jord

erinnern huske,-ede,-et
erklären forklare,-ede,-et
erlauben tillade,-lod,-ladt
ernst alvorlig
erreichen nå,nåede,nået
erschrecken
    forskrække,-ede,-et
erste,r,s første
ersticken kvæle,kvalte,kvalt
erwachsen voksen
erzählen fortælle,-talte,-talt
es gibt der er
Essen en mad
essen spise,-te,-t
etwas nogen/noget

Fähre en færge
Fahne et flag
fahren køre,-te,-t
Fahrkarte en billet
Fahrplan en køreplan
Fahrrad en cykel
fallen falde,-t,-et
falsch forkert
Farbe en farve
fast næsten
faul doven
Feder en fjer
fehlen mangle,-ede,-et
fein fin
Feld et felt
Fenster et vindue
Fernseher et fjernsyn
fertig færdig
Fest en fest
fett fed
Feuer en ild
Film en film

finden finde,fandt,fundet
finnisch finsk
Fisch en fisk
Fischer en fisker
flach flad
Flasche en flaske
Fleisch et kød
fleißig flittig
Fliege en flue
fliegen flyve,fløj,fløjet
fliehen flygte,-ede,-et
fressen flyde,flod,flydt
Flügel en vinge
flüssig flydende
Flugplatz en lufthavn
Flugzeug en flyvemaskine
Fluss en å, en flod
folgen følge,fulgte,fulgt
Frage et spørgsmål
fragen
    spørge,spurgte,spurgt
Frau en kvinde
frei fri
freiwillig frivillig
fremd fremmed
fressen æde,åd,ædt
freuen, sich auf
    glæde sig til,-ede,-et
Freund en ven
Freundin en veninde
freundlich venlig
Friede en fred
Friedhof en kirkegård
frieren fryse,frøs,frosset
frisch frisk
froh glad
Frosch en frø
fruchtbar frugtbar
früh tidlig
Frühling et forår

Frühstück en morgenmad
fühlen føle,-te,-t
fuhren føre,-te,-t
für for, til
funktionieren virke,-ede,-et
furchtbar forfærdelig
Fußball en fodbold

Gabel en gaffel
ganz hel
Garten en have
Gebäude en bygning
geben give,gav,givet
geboren født
gebraten stegt
gebraucht brugt
geduldig tålmodig
geeignet egnet
gefährlich farlig
Gefängnis et fængsel
gehen gå,gik,gået
gehören tilhøre,-te,-t
Geist en ånd
geizig gerrig
gekocht kogt
gelb gul
Geld penge
gemein gemen
gemischt blandet
Gemüse grønsager
genau nøjagtig
gemessen nyde,nød,nydt
genug nok
gerade lige
geradeaus lige ud
gerecht retfærdig
gern gerne
Geschäft en forretning

geschehen ske,skete,sket
Geschichte en historie
Geschlecht et køn, en slægt
geschlossen lukket
Gesellschaft et selskab
Gesetz en lov
Gesicht et ansigt
gestern i går
gesund rask
getrennt skilt
gewinnen
    vinde,vandt,vundet
gierig begærlig
Glas et glas
glatt glat
glauben tro,-ede,-et
gleich lige
Gleis et spor
Glocke en klokke
glücklich lykkelig
Gold (et) guld
Gott en gud
graben grave,-ede,-et
grau grå
grausam grusom
greifen gribe,greb,grebet
Grenze en grænse
groß stor
grün grøn
grüßen hilse,-te,-t
gucken kigge,-ede,-et
gültig gyldig
Gürtel et bælte
gut god

H

Haar et hår
haben have,havde,haft
hängen hænge,hang,hængt

hässlich grim, hæslig
Hafen en havn
halb halv
halten holde,holdt,holdt
Hammer en hammer
Hand en hånd
Handschuh en handske
Handtasche en håndtaske
Handtuch et håndklæde
hart hård
Hase en hare
Haus et hus
Haut en hud
heben løfte,-ede,-et
heilig hellig
heiraten gifte sig,-ede,-et
heißen hedde,hed,heddet
helfen hjælpe,hjalp,hjulpet
hell lys
Hemd en skjorte
heraus ud
Herbst et efterår
herstellen
    fremstille,-ede,-et
herüber herover
herunter ned
Herz et hjerte
heute i dag
hier her
hinauf op
hinaus ud
hinein ind
hinter bag
hoch høj
höflich høflig
hören høre,-te,-t
Hof en gård
hoffen håbe,-ede,-et
hohl hul
holen hente,-ede,-et

Holz et træ
Honig en honning
Hose et par bukser
hübsch køn, smuk
Hügel en bakke
Huhn en høne
Hunger en sult
hungrig sulten
Hut en hat

I

immer altid
immer noch stadigvæk
in i (räuml.) om (zeitl.)
in ... hinein ind i
innere,r,s indre
Insel en ø

J

ja ja
Jacke en jakke
jagen jage,jog,jaget
Jahr et år
jeder hver
jetzt nu
jucken klø,-ede,-et
Junge en dreng

K

Kabel et kabel
kämmen kæmme,-ede,-et
kämpfen kæmpe,-ede,-et
Käse en ost
kalt kold
Kanu en kano
kaputt itu
Karte et kort

Kartoffel en kartoffel
Katze en kat
kaufen købe,-te,-t
kaum næppe
kein ingen/intet
kennen kende,-te,-t
kennenlernen
    lære at kende,-te,-t
Kerze et stearinlys
Kette en kæde
Kind et barn
Kinn en hage
Kino en biograf
Kirche en kirke
Kirsche et kirsebær
Kissen en pude
Kiste en kasse
klauen hugge,-ede,-et
kleben klæbe,-ede,-et
Kleid en kjole
Kleidung (et) tøj
klein lille, små
Kleingeld småpenge
klingeln ringe,-ede,-et
klingen lyde,lød,lydt
klug klog
kneifen
    knibe,kneb,knebet
Knie et knæ
Knoblauch et hvidløg
Knochen et ben
Knopf en knap
Knoten en knude
kochen lave mad,-ede,-et
können kunne
Körper en krop
Koffer en kuffert
kommen
    komme,kom,kommet
Kopf et hovede

Korb en kurv
Korken en prop
Korkenzieher
    en proptrækker
kotzen brække sig,-ede,-et
krank syg
Krankenhaus et sygehus,
    et hospilal
kratzen klø,-ede,-et
Kreis en kreds
kriechen
    krybe,krøb,krøbet
Krieg en krig
Kuchen en kage
Küche et køkken
Kühlschrank et køleskab
künstlich kunstig
küssen kysse,-ede,-et
Kugel en kugle
Kugelschreiber
    en kuglepen
kurz kort
Kuss et kys

L

lachen über le ad,lo,leet
Laden en butik
lächerlich latterlig
Lampe en lampe
Land et land
Landstraße en landevej
langsam langsom
langweilig kedelig
lassen lade,lod,ladet
Lastwagen en lastbil
laufen løbe,løb,løbet
Laune et humør
laut højt
leben leve,-ede,-et

lebendig livlig
Lebensmittel fødevarer
lecken slikke,-ede,-et
Leder et skind
ledig ugift
leer tom
legen lægge,lagde,lagt
Lehrer en lærer
leicht let
leiden lide,led,lidt
leihen låne,-te,-t
leise stille
Leiter, die en stige
lernen lære,-te,-t
lesen læse,-te,-t
letzte,r,s sidste
Leute folk
Licht et lys
lieb sød
Liebe en kærlighed
lieben elske,-ede,-et
Lied en sang
liegen ligge,lå,ligget
links venstre
Liter en liter
Loch et hul
Löffel en ske
los løs
legen lyve,løj,løjet
Luft (en) luft
Lust en lyst
lustig morsom

M

machen gøre,gjorde,gjort
Mädchen en pige
manchmal undertiden
Mantel en frakke
Markt et marked

Marmelade
  en marmelade
Mauer en mur
Maus en mus
Meer et hav
Mehl (et) mel
mehr mere, flere
meinen mene,-te,-t
Mensch et menneske
messen måle,-te,-t
Messer en kniv
mieten leje,-ede,-et
Milch en mælk
mischen blande,-ede,-et
mit med
mögen holde af,holdt,holdt
möglich mulig
Mond en måne
Moor en mose
Morgen en morgen
morgen i morgen
Motorrad en motorcykel
Mücke en myg
Mückenstich et myggestik
müde træt
Münze en mønt
messen
  må (→Hilfsverben)
Mütze en kasket
Mund en mund
Museum et museum
mutig modig
Mutter en mor

nach efter, til (Richtung)
nach Hause hjem
Nachbar en nabo
nachdem efter

nachdenken
  tænke sig om,-te,-t
Nacht en nat
nackt nøgen
Nadel en nål
nächstens næste
nähen sy,-ede,-et
Nagel en negl
nahe bei i nærheden af
Name et navn
Nase en næse
nass våd
Nebel en tåge
neben ved siden af
nehmen tage,tog,taget
neidisch misundelig
nein nej
nett rar
Netz et net
neu ny
neugierig nysgerrig
nicht ikke
nichts ingenting
nie aldrig
niedrig lav
niemand ingen
nlesen nyse,nøs,nyst
noch endnu
noch einmal en gang til
nötig nødvendig
nüchtern nøgtern, ædru
nützlich nyttig
nur bare, kun
Nuss en nød

ob om
oben oven,oppe
Obst en frugt

obwohl skønt
oder eller
öffentlich offentlig
öffnen åbne
Öl (en) olie
Ofen et komfur
offen åben
oft tit, ofte
ohne uden
Ohr et øre
Oma en bedstemor
Opa en bedstefar
Ort et sted

Paket en pakke
Papier et papir
Pass et pas
peinlich pinlig
Pfeffer (et) peber
Pfeife en pibe
pfeifen pibe,peb,pebet
Pferd en hest
Pflanze en plante
pflegen pleje,-ede,-et
Pfütze en pyt
Pilz en svamp
pinkeln tisse,-ede,-et
Platz en plads
plötzlich pludselig
plump klodset
Polizei (et) politi
probieren prøve,-de,-et,
  smage,-te,-t
pünktlich præcis
Pullover en trøje
Puppe en dukke

Q

quälen pine,-te,-t
Qualle en gople
Quatsch (et) sludder
Quelle en kilde
quer tværs
Quittung en kvittering

R

Rad et hjul
Rahmen en ramme
raten gætte,-ede, et
Ratte en rotte
Rauch en røg
rauchen ryge,røg,røget
rauh ru
Raum et rum
rechnen regne,-ede,-et
Rechnung en regning
Recht en ret
rechts højre
reden snakke,-ede,-et
Regal en reol
Regenschirm en paraply
regnen regne,-ede,-et
Reh et rådyr
reiben gnide,gned,gnedet
reich rig
reif moden
rein ren
Reis (en) ris
Reise en rejse
reißen rive,rev,revet
reiten ride,red,redet
reparieren reparere,-de,-t
Richter en dommer
richtig rigtig
Richtung en retning

riechen lugte,-ede,-et
Rock en nederdel
roh rå
rot rød
Rucksack en rygsæk
rudern ro,-ede,-et
Rücken en ryg
rufen kalde,-te,-t
ruhig rolig

S

Sache en ting
Sack en sæk
sagen sige,sagde,sagt
Sahne (en) fløde
Salat en salat
Salz (et) salt
Sand (et) sand
Sarg en ligkiste
satt mæt
sauber ren
sauer sur
Schachtel en æske
schädlich skadelig
schämen, sich
  skamme sig,-ede,-et
Schaf et får
schaffen skaffe,-ede,-et
Schal et halstørklæde
scharf skarp
Schatten en skygge
scheinen skinne,-ede,-et
scheißen skide,sked,skidt
schenken forære,-ede,-et
Schere en saks
scheußlich afskyelig
schicken sende,-te,-t
schieben skubbe,-ede,-et
Schiene en skinne

schießen skyde,skød,skudt
Schiff et skib
Schild et skilt
Schinken en skinke
Schirm en skærm
schlafen sove,sov,sovet
Schlafsack en sovepose
schlagen slå,slog,slået
Schlamm (et) mudder
Schlange en slange
schlank slank
schlapp slap
schlau fiffig
Schlauch en slange
schlecht dårlig
schleichen
  snige,sneg,sneget
schleimig slimet
schließen lukke,-ede,-et
schließlich endelig
Schloss et slot
Schlüssel en nøgle
schmal smal
schmecken smage,-te,-t
schmissen
  smide,smed,smidt
Schmerz en smerte
schmutzig snavset
Schnaps en snaps
schnarchen snorke,-ede,-et
schneiden
  skære,skar,skåret
schnell hurtig
schön dejlig
schon allerede
Schrank et skab
Schraube en skrue
Schraubenzieher
  en skruetrækker
schrecklich skrækkelig

schreiben
skrive,skrev,skrevet
schreien
skrige,skreg,skregetl
Schublade en skuffe
Schüssel en skål
Schuh en sko
schulden skylde,-te,-t
Schule en skole
schwach svag
Schwamm en svamp
schwanger gravid
Schwanz en hale
schwarz sort
schwedisch svensk
schweigen tie,tav,tiet
Schwein et svin
schwer tung
Schwester en søster
schwierig svær
schwimmen
svømme,-ede,-et
schwitzen svede,-te,-i
schwören sværge,svor,svoret
See en sø
Seele en sjæl
Segel et sejl
sehen se,så,set
Sehnsucht en længsel
sehr meget
Seife en sæbe
sein være
seit i, siden
Seite en side
selten sjælden
seltsam besynderlig
Semmel et rundstykke,
en bolle
Senf (en) sennep
Senke en sænkning

setzen, sich
sætte sig,satte,sat
sicher sikker
Silber (et) sølv
singen synge,sang,sunget
sinken synke,sank,sunket
sitzen sidde,sad,siddet
so så
sogar endog
Sohn en søn
sollen skulle (→Hilfsverben)
Sonne en sol
sonst ellers
Soße en sovs
sowohl ... als auch både ... og
spät sen
später senere
spaßig sjov
Spiegel et spejl
spielen lege,-ede,-et
Spinne en edderkop
spitz spids
sprechen tale,-te,-t
springen
springe,sprang,sprunget
Stadt en by
stark stærk
Staub (et) støv
stechen stikke,stak,stukket
Steckdose en stikkontakt
stehen stå, stod, stået
stehlen stjæle,stjål,stjålet
steif stiv
steigen stige,steg,steget
steil stejl
Stein en sten
stellen stille,-ede,-et
sterben dø,døde,død
Stern en stjerne
Steuer, die skatten

Stiefel en støvle
stinken stinke,stank,stinket
Stock en stok
stören forstyrre,-ede,-et
stolz stolt
stoßen støde,-te,-t
Strand en strand
Straße en vej (Land),
en gade (Stadt)
strecken
strække,strakte,strakt
streichen
stryge,strøg,strøget
Streichhölzer tændstikker
streiten stride,stred,stridt
Strom strøm, el
Strumpf en sok, en strømpe
Stück et stykke
Stuhl en stol
stumm tavs
Stunde en time
stur stivsindet
Sturzhelm en styrthjelm
suchen nach
søge efter,-te,-t
süchtig afhængig
süß sød

T

Tabak (en) tobak
Tag en dag
Tankstelle en tankstation
tanzen danse
Tasche en taske, en lomme
Taschenlampe
en lommelygte
Taschentuch
en lommetørklæde
Tasse en kop

taub døv
tauschen bytte,-ede,-et
Teil en del
teilen dele,-te,-t
Telefon en telefon
Teller en tallerken
teuer dyr
tief dyb
Tier et dyr
Tisch et bord
Tochter en datter
töten dræbe,-te,-t
Toilette et toilet, et wc
toll fantastisk
Topf en gryde
tot død
träumen
    drømme,drømte,drømt
tragen bære,bar,båret
trampen blaffe,-ede,-et
traurig bedrøvet
treffen, sich
    mødes,mødtes,—
Treppe en trappe
treten træde,trådte,trådt
treu trofast
trinken drikke,drak,drukket
trocken tør
Tropfen en dråbe
Tuch et tørklæde
Tür en dør
Turm et tårn

U

über over
überall overalt
übermorgen i overmorgen
übernachten
    overnatte,-ede,-et

überreden overtale,-te,-t
Ufer en bred
Uhr, eine et ur
um (zeitl.) ved
umbringen
    tage livet af,tog,taget
umsteigen
    stige om,steg,steget
umtauschen
    ombytte,-ede,-et
umziehen, sich
    klæde sig om,-te,-t
un- u-
und og
ungefähr omtrent
unschuldig uskyldig
unten nede
unter under
unter anderem
    blandt andet
unterhalten
    underholde,-holdt,-holdt
Unterhose underbukser
Urlaub en ferie
ursprünglich oprindelig
Urteil en dom

V

Vater en far
verantwortlich ansvarlig
verbinden
    forbinde,-bandt,-bundet
verboten forbudt
Verbrechen en forbrydelse
Verein en forening
verfault rådden
vergessen glemme,-te,-t
Vergnügen en fornøjelse
verheiratet gift

verkaufen
    sælge,solgte,solgt
verlassen forlade,-lod,-ladt
verlaufen, sich
    løbe vild,løb,løbet
verletzen såre,-ede,-et
verliebt forelsket
verlieren miste,-ede,-et
verlobt forlovet
vermuten
    antage,-tog,-taget
vernünftig fornuftig
verrückt gal
Versammlung
    en forsamling
verschieden forskellig
verschließen låse,-te,-t
Verspätung en forsinkelse
verstecken skjule,-te,-t,
    gemme,-te,-t
verstehen
    forstå,-stod,-stået
versuchen prøve,-ede,-et
Vertrag en kontrakt
verwüstet ødelagt
viel meget
viel zu alt for
viele mange
vielleicht måske
viereckig firkantet
völlig fuldstændig
Vogel en fugl
voll fuld
von af, fra
vor (räuml.) foran
vor (zeitl.) for ... siden
vorbei forbi
vorgestern i forgårs
vorige,r,s forrige
Vorschlag et forslag

vorsichtig forsigtig
Vorurteil en fordom

W

wach vågen
wachsen vokse,-ede,-et
wählen vælge,valgte,valgt
während mens
Wagen en bil
Wahl et valg
wahr sand
wahrscheinlich
  sandsynligvis
Wald en skov
Wand en væg
wann hvornår
warm varm
warten vente,-ede,-et
warum hvorfor
was hvad
waschen, sich
  vaske sig,-ede,-et
Wasser (et) vand
weg væk
weh tun
  gøre ondt,gjorde,gjort
weich blød
weil fordi, da
Wein en vin
weinen græde,græd,grædt
weiß hvid
weit lang
weiter videre
welcher,-e,-es
  hvilken/hvilket
Welle en bølge
Welt en verden
wem hvem
wen hvem

wenig lidt
wenige få
wenn (falls) hvis
wenn (zeitl.) når
wer hvem
werfen kaste,-ede,-et
Werkzeug et værktøj
wertvoll værdifuld
Wetter (et) vejr
wichtig vigtig
wie hvordan
wieder igen
wiederholen
  gentage,-tog,-taget
wiegen veje,-ede,-et
Wiese en eng
wild vild
Wind en vind
wissen vide
  (ved,vidste,vidst)
Woche en uge
Wörterbuch en ordbog
wohnen bo,-ede,-et
Wohnung en lejlighed
Wolke en sky
Wolle (en) uld
wollen ville
Wort et ord
wünschen ønske,-ede,-et
Wurm en orm
Wurst en pølse
Wurzel en rod

Z

zählen tælle,talte,talt
zärtlich kærlig
zahm tam
Zahn en tand
Zahnbürste en tandbørste

Zahnpaste en tandpasta
Zange en tang
zart sart
Zaun et stakit
Zeh en tå
Zeichen et tegn
zeigen vise,-te,-t
Zeit en tid
Zeitschrift et tidsskrift
Zeitung en avis
Zelt et telt
zerbrechlich skrøbelig
zerlassen rive itu,rev,revet
zerstören
  ødelægge,-lagde,-lagt
Zettel en seddel
Ziege en ged
ziehen trække,trak,trukket
ziemlich temmelig
Zimmer et værelse
zu Hause hjemme
Zucker (et) sukker
zufällig tilfældig
Zug et tog
Zukunft en fremtid
Zunge en tunge
zurück tilbage
zusammen sammen
Zweig en kvist
zweite, r, s anden/andet
Zwiebel et løg
zwischen mellem

Der Autor

Roland Hoffmann, Jahrgang 1962, lebt als freiberuflicher Übersetzer, Dolmetscher und Autor im Raum München.

„Dänisch ist voller Witz, und die Dänen sind bekannt für ihren oftmals sehr trockenen Humor. Dies mag ich persönlich sehr, und daher bin ich oft in unserem nördlichen Nachbarland, um Freunde zu besuchen und um ausgiebig Dänisch sprechen zu können."